Liebe Schülerin, lieber Schüler,

herzlich willkommen im Arbeitsheft zu deinem Lateinbuch *tibi 1!*

Das Arbeitsheft soll dir helfen, deine Kenntnisse aus dem Lateinunterricht zu festigen und anhand von kurzen lateinischen Texten anzuwenden.

Zu jeder Lektion gibt es in diesem Arbeitsheft zwei Arbeitsbereiche: Übungen und Abschlusstest. Bei den Übungen findest du Aufgaben zu den Bereichen **Die antike Welt**, **Vokabeln**, **Grammatik** und **Der lateinische Text** – du kennst diese Bereiche schon aus deinem Schulbuch. Die Aufgaben haben unterschiedliche Schwierigkeitsgrade, die wie im Schulbuch folgendermaßen angegeben werden:

leicht

mittel

anspruchsvoll

Die Cornelsen-App bietet dir zu einigen Übungen ein ▶ Video 🖥 oder ein Quiz mit Aufgaben,

die leichter  oder

schwieriger  sein können.

Die kostenlose App „Cornelsen Lernen" ist im Google Play Store oder im Apple App Store verfügbar. Dort findest du auch das Materialpaket zum Schulbuch *tibi 1*.

Die Abschlusstests zu jeder Lektion zeigen dir, was du schon alles verstehst und übersetzen kannst.

Zu jeder Sequenz von *tibi 1* gibt es noch eine Wortschatzseite, mit der du deine Vokabelkenntnisse vertiefen kannst.

Ein Lösungsteil liegt dem Arbeitsheft bei. Er hilft dir beim abschließenden Überprüfen deiner Ergebnisse.

Viel Erfolg beim Lateinlernen wünscht dir

das Tibi-1-Arbeitsheft-Team!

Inhalt

DIE ANTIKE WELT

(1) Wie heißen sie?

Wie du erfahren hast, erhielten Mädchen die weibliche Form des Familiennamens.
Bilde den passenden Mädchennamen nach dem Beispiel *Flavi-us → Flavi-a*.

Iulius → _____   Claudius → _____

Caecilius → _____   Valerius → _____

Livius → _____   Lucretius → _____

(2) Wer macht was?

Ordne die Aufgabenbereiche den einzelnen Mitgliedern der *familia* zu, indem du Linien ziehst.

dominus ...	... verwaltet das Geld und gibt den Sklaven Anweisungen.
domina ...	... übernehmen die Arbeit im Haushalt und auf den Feldern.
servi et servae ...	... ist das Familienoberhaupt und trifft alle wichtigen Entscheidungen.

VOKABELN

(3) Wortschatz-Labyrinth

Finde die 26 lateinischen Wörter zu den angegebenen deutschen Bedeutungen und markiere sie
(↓13 ×, →13 ×). Die zehn sich überschneidenden Buchstaben ergeben in der richtigen Reihenfolge
ein Lösungswort.

P	E	R	I	C	U	L	U	M	C	T	F	V
E	S	E	D	M	A	N	E	R	E	D	C	T
Q	E	R	X	G	U	O	L	R	R	A	L	I
H	M	D	I	A	T	T	U	M	T	Q	A	M
L	P	O	T	U	L	D	V	Q	E	O	M	E
S	E	M	G	D	O	R	M	I	R	E	A	R
A	R	I	H	E	Q	U	V	E	N	I	R	E
E	H	O	K	R	S	G	G	V	U	P	E	R
P	L	A	C	E	R	E	S	A	N	T	B	O
E	D	Q	P	E	T	I	A	M	C	H	M	G
H	E	D	O	M	I	N	A	I	B	K	O	A
T	B	H	R	X	L	I	B	E	R	I	V	R
A	E	C	C	I	A	C	E	R	E	L	E	E
R	R	U	U	Q	L	A	B	O	R	A	R	E
P	E	R	S	U	V	E	R	B	U	M	E	W

aber; sondern | arbeiten, sich anstrengen | auch; sogar | bestimmt, sicher(lich) | bewegen | bleiben; warten (auf), erwarten | da, dann; damals | fragen | sich freuen | sich fürchten; (vor etwas) Angst haben | ~~eine/die Gefahr~~ | gefallen | eine/die (Haus-)Herrin | immer | jetzt, nun | (die) Kinder | kommen | laut rufen, schreien | liegen, daliegen | müssen | oft | schlafen | ein/das Schwein | warum? | ein/das Wort | zu Hause

Lösungswort: _____ (dt.: _____)

LEKTION 1

Die antike Welt

1 Iulius → Iulia; Claudius → Claudia; Caecilius → Caecilia; Valerius → Valeria; Livius → Livia; Lucretius → Lucretia

2 dominus ist das Familienoberhaupt und trifft alle wichtigen Entscheidungen.
domina verwaltet das Geld und gibt den Sklaven Anweisungen.
servi et servae übernehmen die Arbeit im Haushalt und auf den Feldern.

Vokabeln

3

P	E	R	I	C	U	L	U	M	C	T	F	V
E	S	E	D	M	A	N	E	R	E	D	C	T
Q	E	R	X	G	U	O	L	R	R	A	L	I
H	M	D	I	A	T	T	U	M	T	Q	A	M
L	P	O	T	U	L	D	V	Q	E	O	M	E
S	E	M	G	D	O	R	M	I	R	E	A	R
A	R	I	H	E	Q	U	V	E	N	I	R	E
E	H	O	K	R	S	G	G	V	U	P	E	R
P	L	A	C	E	R	E	S	A	N	T	B	O
E	D	Q	P	E	T	I	A	M	C	H	M	G
H	E	D	O	M	I	N	A	I	B	K	O	A
T	B	H	R	X	L	I	B	E	R	I	V	R
A	E	C	C	I	A	C	E	R	E	L	E	E
R	R	U	U	Q	L	A	B	O	R	A	R	E
P	E	R	S	U	V	E	R	B	U	M	E	W

waagerecht: periculum – eine/die Gefahr; sed – aber, sondern; manere – bleiben, warten (auf), erwarten; tum – da, dann, damals; dormire – schlafen; venire – kommen; placere – gefallen; etiam – auch, sogar; domina – eine/die (Haus-)Herrin; liberi – die Kinder; iacere – liegen; laborare – arbeiten, leiden; verbum – ein/das Wort

senkrecht: saepe – oft; semper – immer; debere – müssen; domi – zu Hause; cur? – warum?; porcus – ein/das Schwein; gaudere – sich freuen; certe – bestimmt, sicherlich; nunc – jetzt, nun; clamare – laut rufen, schreien; movere – bewegen; timere – sich fürchten; rogare – fragen

Lösungswort: respondere – antworten

Grammatik

4 Singular: verbum – ein/das Wort; filius – ein/der Sohn; servus – ein/der Sklave; periculum – eine/die Gefahr
Plural: pericula – (die) Gefahren; filiae – (die) Töchter; verba – (die) Wörter; filii – (die) Söhne

5 servus: o-Deklination, m, Singular – ein/der Sklave
verba: o-Deklination, n, Plural – (die) Wörter
filiae: a-Deklination, f, Plural – (die) Töchter
liberi: o-Deklination, m, Plural – (die) Kinder
serva: a-Deklination, f, Singular – eine/die Sklavin

6 rogant: a-Konj., Pl., rogare – fragen
debet: e-Konj., Sg., debere – müssen
respondet: e-Konj., Sg., respondere – antworten
veniunt: i-Konj., Pl., venire – kommen

7 1. Liberi non laborant, sed gaudent. – Die Kinder arbeiten nicht, sondern freuen sich.
2. Tum periculum est. – Da gibt es eine Gefahr.
3. Cornelia rogat: „Ubi sunt Marcus et porcus?" – Cornelia fragt: „Wo sind Marcus und das Schwein?"
4. Tum Marcus et porcus veniunt. – Da kommen Marcus und das Schwein.

Der lateinische Text

8 a Cornelia fragt: „Hier arbeiten die Sklaven. Wo ist Marcus?"
Delia antwortet: „Hier ist er nicht."
Cornelia und die Sklavin warten.
Sie rufen: „Wo bist du?"
Aber Marcus antwortet nicht, er kommt nicht.
Cornelia freut sich nicht:
„Marcus ist sicher zu Hause. Er arbeitet nicht. Oft schläft er."

b <u>Subjekt</u> – <u>Prädikat</u>

<u>Cornelia</u> <u>rogat</u>: „Hic <u>servi</u> <u>laborant</u>. Ubi <u>est</u> <u>Marcus</u>?"
<u>Delia</u> <u>respondet</u>: „Hic non <u>est</u>."
<u>Cornelia et serva</u> <u>manent</u>.
<u>Clamant</u>: „Ubi <u>es</u>?"
Sed <u>Marcus</u> non <u>respondet</u>, non <u>venit</u>.
<u>Cornelia</u> non <u>gaudet</u>:
„<u>Marcus</u> certe domi <u>est</u>. Non <u>laborat</u>. Saepe <u>dormit</u>."

c Die Sklaven arbeiten. – richtig
Cornelia und Delia warten nicht. – falsch
Marcus kommt. – falsch
Cornelia freut sich nicht. – richtig

Lösungssatz: Porcus dormit.

d Cornelia könnte denken, dass Marcus sich meist vor der Arbeit drückt und lieber schläft.

ABSCHLUSSTEST

1 1. clamant (als einziges Wort Plural)
2. verba (als einziges Wort neutrum Plural)

2 Subjekt – Prädikat

Flavia venit et rogat: „Ubi est porcus?"
Marcus respondet: „Hic non est. Certe domi est."
Nunc Flavia gaudet: „Certe domi iacet et dormit: Laborare non debet."
Verba placent.
Tum Flavia rogat: „Ubi servi, ubi servae sunt? Hic non sunt."
Cornelia respondet: „Dormiunt. Cur semper laborare debent? Etiam dominus et domina non semper laborant."
Flavia clamat: „Domina sum: Servi et servae laborare debent."

3 Flavia kommt und fragt: „Wo ist das Schwein?"
Marcus antwortet: Hier ist es nicht. Sicher ist es zu Hause / im Haus."
Jetzt freut sich Flavia: „Sicher liegt es im Haus und schläft. Es muss nicht arbeiten."
Die Worte gefallen.
Dann fragt Flavia: „Wo sind die Sklaven, wo die Sklavinnen? Hier sind sie nicht."
Cornelia antwortet: „Sie schlafen. Warum müssen sie immer arbeiten? Auch der Hausherr und Hausherrin arbeiten nicht immer."
Flavia ruft: „Ich bin die Hausherrin. Die Sklaven und die Sklavinnen müssen arbeiten."

4 Sklavinnen und Sklaven gehörten in Rom ihren Herren. Sie mussten für diese meist hart arbeiten und hatten selten Freizeit.

LEKTION 2

Die antike Welt

1 Vielen Sklaven gelang die Flucht. – falsch
Sklaven wurden rechtlich wie eine Sache behandelt. – richtig
Sklaven konnten Geld besitzen und sich manchmal freikaufen. – richtig
Sklavinnen, die die heilende Wirkung von Pflanzen und Kräutern kannten, waren genauso viel wert wie jeder andere Sklave. – falsch
Viele Sklaven kamen als Kriegsgefangene ins Römische Reich. – richtig
Die Besitzer konnten Sklaven kennzeichnen, damit jeder sah, wem der Sklave gehörte. – richtig
Sklavinnen kümmerten sich um die Kinder der *familia*. – richtig

Lösungswort: sentire – fühlen, wahrnehmen, meinen

Vokabeln

2 dolere – Schmerz(en) empfinden, weh tun; flere – weinen; intrare – eintreten, betreten; sentire – fühlen, wahrnehmen, meinen; audire – hören; videre – sehen; cogitare – (nach)denken, überlegen; valere – gesund sein, gutgehen; spectare – ansehen, betrachten; monere – ermahnen, mahnen; apportare – bringen, herbringen

3 autem – aber; vae! – Oh! Oh weh!; clamor – ein/das Geschrei; umerus – eine/die Schulter; dolor – ein/das Geschrei; villa – ein/das (Land)haus; aqua – (das) Wasser; quid – was?; nam – denn, nämlich; mulier – eine/die Frau; primum – zuerst; vinum – ein/der Wein

Grammatik

4 mulier: Nom. Sg. f – eine/die Frau
dominas: Akk. Pl. f – (die) (Haus)herrinnen
vinum: Nom. Sg. n – ein/der Wein; Akk. Sg. n – einen/den Wein
clamorem: Akk. Sg. m – ein/das Geschrei
servi: Nom. Pl. m – (die) Sklaven
dolores: Nom./Akk. Pl. m – (die) Schmerzen)

5 Marcus et Cornelia vident …
mulierem – eine/die Frau; servos – (die) Sklaven; herbas – (die) Kräuter; aquam – (das) Wasser

Marcus et Cornelia audiunt …
mulierem – eine/die Frau; servos – (die) Sklaven; clamorem – (das) Geschrei

6 Subjekt – Prädikat – Akkusativobjekt

1 Liberi villam intrant. – Die Kinder betreten das Landhaus.
2 Quid timet Marcus? – Wovor hat Marcus Angst?
3 Marcus periculum sentit. – Marcus spürt die Gefahr.
4 Terret-ne periculum etiam Corneliam? – Erschreckt die Gefahr auch Cornelia?
5 Tum liberi clamores audiunt. – Dann hören die Kinder Geschrei.

Der lateinische Text

7 **a** Delia kommt und bringt Kräuter.
Sie fragt: „Tut die Schulter weh?"
Flavia antwortet: „Die Schulter tut weh."
Die Sklavin (sagt): „Kräuter helfen."
So ist es: Die Kräuter helfen der Herrin. Jetzt spürt Flavia keine Schmerzen.
Plötzlich hören die Herrin und die Sklavin Geschrei.
Die Kinder kommen herein.
Flavia und Delia sehen die Kinder und freuen sich.

b Prädikat – Akkusativobjekt

Z. 1: herbas apportat; Z. 5: dominam iuvant; Z. 5: dolores sentit; Z. 6: clamorem audiunt;
Z. 8: liberos vident

c

Person/Personen	Tätigkeit
Delia	bringt Heilkräuter (apportare – bringen, herbringen)
Flavia	spürt durch Delias Behandlung keine Schmerzen mehr (sentire – fühlen, wahrnehmen, meinen)
die Kinder	kommen herein (intrare – eintreten, betreten)
Flavia und Delia	sehen die Kinder (videre – sehen) und freuen sich (gaudere – sich freuen)

d Delia kümmert sich um ihre Herrin. Das war als römische Sklavin ihre tägliche Pflicht.

ABSCHLUSSTEST

1 1. herba (als einziges Wort femininum)
2. apportare (Verb der Bewegung, die anderen sind Verben der Sinneswahrnehmung)

2 Z. 2: **Quid** est? – Z. 2: **Ubi** est domina? – Z. 4: **Quid** dolet? – Z. 4: Dolet-**ne** umerus?

3 Aratus betritt das Landhaus. Er sieht die Sklaven und Sklavinnen und ruft:
„Seid gegrüßt! Ich bin zu Hause."
Er sieht Flavia nicht, hört aber Geschrei. Er fragt: „Was ist? Wo ist die Hausherrin?"
Delia (sagt): „Die Hausherrin ist nicht gesund." Die Worte erschrecken Aratus.
(...)
Aratus betrachtet die Schulter: „Was tut weh? Tut die Schulter weh?"
Cornelia weint: „So ist es. Mutter spürt einen Schmerz."
Dann bringt Delia Kräuter. Denn Kräuter helfen immer.

4 1. servos et servas; 2. Non valet. 3. umerum; 4. Flavia dolorem sentit.

Lösungswort: aqua – (das) Wasser

LEKTION 3

Die antike Welt

1 Der römische Kaiser lebt in einer der vielen Provinzen des *Imperium Romanum*. – falsch
Marcus und Cornelia sind römische Bürger, obwohl sie noch nie in Rom waren. – richtig
Der Kaiser kümmert sich persönlich in den Provinzen darum, dass der Handel funktioniert und die Steuern eingetrieben werden. – falsch
Auf einem Markt in Rom kann man Waren aus den Provinzen des Römischen Reiches kaufen. – richtig
Für den Handel war das lange Fernstraßennetz sehr nützlich. – richtig
Zur Orientierung auf Reisen dienten Landkarten. – falsch
Römer reisten lieber über Land als über das Meer. – richtig

Lösungswort: Provinz

Vokabeln

2 amicus – ein/der Freund; fur – ein/der Dieb; neque ... neque – weder ... noch; tacere – schweigen, still sein; desiderare – (etwas) vermissen, sich sehnen (nach etwas); retinere – zurückhalten, festhalten; ardere – brennen; discedere – weggehen; avunculus – ein/der Onkel; ecce – Sieh mal! Seht mal!; quoque – auch; itaque – deshalb, daher

3 individuelle Lösungen

Grammatik

4 1. habeo – ich habe (1. Person Singular) → habes – du hast (2. Person) → habetis – ihr habt (Plural) → habent – sie haben (3. Person) → habemus – wir haben (1. Person)
2. trahis – du ziehst (2. Person Singular) → trahitis – ihr zieht (Plural) → trahimus – wir ziehen (1. Person) → traho – ich ziehe (Singular) → trahit – er/sie/es zieht (3. Person)
3. audimus – wir hören (1. Person Plural) → audio – ich höre (Singular) → audis – du hörst (2. Person) → audit – er/sie/es hört (3. Person) → audiunt – sie hören (Plural)

LEKTION 3

5 **a** <u>Subjekt</u> – Prädikat – Akkusativobjekt

1. Cornelia: „<u>Video</u> <u>campos</u>. Et <u>tu</u>, Marce, quid <u>vides</u>?" – Cornelia: „Ich sehe Felder. Und du, Marcus, was siehst du?"
2. Marcus: „<u>Equos</u> <u>video</u>. Servi et servae, quid <u>videtis</u>?" – Marcus: „Ich sehe Pferde. Sklaven und Sklavinnen, was seht ihr?"
3. Servi: „<u>Vehicula</u> et <u>equos</u> <u>videmus</u>. Quid <u>Cornelia</u> <u>videt</u>?" – Die Sklaven: „Wir sehen Fahrzeuge und Pferde. Was sieht Cornelia?"

b

	Singular	**Plural**
1. P	video	videmus
2. P	vides	videtis
3. P	videt	vident

6 1. „Hilf bitte den Sklaven, Marcus!"
2. „Hört (jetzt/sofort) zu, Kinder!"
3. „Delia! Komm her, Delia! Bring Wasser!"

Der lateinische Text

7 **a** Die Sonne brennt. Die Kinder betrachten den Wagen und die Pferde.
Marcus überlegt: „Warum sind wir hier? Ich freue mich nicht. Ich vermisse die Freunde und (mein) Schwein." Marcus weint.
Delia tritt heran und fragt: „Warum weinst du, Marcus? Freust du dich nicht?" Marcus schweigt.
Dann antwortet er: „Ich habe Angst vor Dieben und Verbrechern. Hast du auch vor den Gefahren Angst, Delia?"
Delia (sagt): „Freue dich, Marcus! Hier sind keine Gefahren."
Delia geht weg und sieht Cornelia.
Dann ruft sie: „Komm schnell herbei, Cornelia! Marcus weint."
Cornelia kommt herbei. Sie ermahnt Marcus nicht, sondern berührt (ihn).

b

Personen	**Handlung**
liberi	betrachten Wagen und Pferde
Marcus	– weint, hat Heimweh – hat Angst vor Dieben und Verbrechern
Delia	tröstet Marcus
Cornelia	kommte herbei und tröstet Marcus

c 1. Die Kinder betrachten das Wasser und die Schweine.
Richtig: Die Kinder betrachten die Wagen und die Pferde.
2. Marcus denkt sich: „Ich freue mich. Ich vermisse die Freunde nicht."
Richtig: „Ich freue mich nicht. Ich vermisse die Freunde und mein Schwein.
3. Cornelia ermahnt Marcus und geht weg.
Richtig: Cornelia kommt herbei. Sie ermahnt Marcus nicht.

d Cornelia ist nicht streng mit Marcus, sondern berührt ihn, legt ihm vielleicht die Hand auf die Schulter.

ABSCHLUSSTEST

1 amicus – ein/der Freund; sceleratus – ein/der Verbrecher; avunculus – ein/der Onkel; liberi – (die) Kinder

2

Singular	Plural
sum	sumus
peto	petimus
gaudeo	gaudemus
desidero	desideramus
times	timetis

3 Marcus (fragt): „Warum sind wir hier? Warum eilen wir nach Rom, Delia? Weder die Freunde noch Audax sind in Rom. Ich freue mich nicht, denn ich vermisse die Freunde. Hast du Angst vor Verbrechern, Delia?"
Delia antwortet: „Ich habe keine Angst. (Dein) Onkel ist in Rom. Er hat keine Kinder. Er erwartet euch sicherlich zu Hause. Warum freut ihr euch nicht, Marcus und Cornelia?"
Cornelia (sagt): „Ich freue mich. In Rom brennt immer die Sonne. Die Sonne gefällt mir. Spürst du schon die Sonne, Marcus?"
Delia (ruft): „Seht da! Seht ihr nicht, Kinder? Dort ist Rom."

4 Cornelia ist neugierig: Sie freut sich auf die neue Stadt, freut sich auf das sonnige Wetter.
Marcus ist eher ängstlich: Er kann sich nicht auf die neue Stadt freuen, sondern vermisst sein Zuhause.

WORTSCHATZARBEIT   LEKTION 1–3

1 **a** Bild 1: porcus, liberi, serva, spectare, servus, laborare
Bild 2: servus, vinum, laborare, discedere, villa

b individuelle Lösungen

2 individuelle Lösungen

LEKTION 4

Die antike Welt

1 Der Unterricht fand in Zelten oder unter freiem Himmel von früh morgens bis zum Nachmittag statt. Die Schulfächer waren Lesen, Schreiben und Rechnen. Mädchen und Jungen im Alter zwischen sieben und elf Jahren gingen zum Anfangsunterricht, die Lehrer waren streng und schlugen die Kinder auch mit einer Rute.

LEKTION 4

Vokabeln

2 a 1. emis; 2. mercator; 3. frumentum; 4. doces; 5. discimus; 6. scribunt; 7. salutat

Lösungswort: liber – ein/das Buch

b

Schule	Markt
discimus	mercator
scribunt	frumentum
doces	emis
salutat	salutat

Grammatik

3 1. Dominus cum **mercatoribus** disputat. – Der Herr diskutiert mit den Händlern.
2. Servi cum **liberis** accedunt. – Die Sklaven kommen mit den Kindern hinzu.
3. Magister liberos cum **clamore** monet. – Der Lehrer ermahnt die Kinder mit Geschrei.

4 a bene | discis | **amicus** | vir | et | **dolor** | scribunt | **puella** | tandem | **verbum**

b

	a-Deklination	o-Deklination (-us)	o-Deklination (-um)	o-Deklination (-er)	kons. Deklination
Nom. Sg.	puella	amicus	verbum	vir	dolor
Abl. Sg.	puella	amico	verbo	viro	dolore
Abl. Pl.	puellis	amicis	verbis	viris	doloribus

5 sum – possum (ich kann)
es – potes (du kannst)
est – potest (er/sie/es kann)
sumus – possumus (wir können)
estis – potestis (ihr könnt)
sunt – possunt (sie können)

Der lateinische Text

6 a Cornelia (sagt): „Aratus unterrichtet immer gut. Er diskutiert nicht mit den Kindern. Weder schlägt er die Kinder, noch ermahnt er sie mit Geschrei. So können wir gut lernen. Hier aber lernen die Jungen und Mädchen nicht, sondern haben Angst vor dem Lehrer."
Marcus (antwortet): „So ist es. Wir lesen mit dem Lehrer Aratus Buchstaben. Aratus hilft den Kindern immer. Warum kann er nicht hier sein?" Dann schweigt er.
Delia sieht den Jungen an und fragt: „Spürst du einen Schmerz, Marcus?"
Marcus (antwortet): „Ich empfinde keinen Schmerz. Hier kann ich nicht bleiben. Warum gehen wir nicht endlich weg?"

b

Verb im Infinitiv	3. P. Singular	3. P. Plural
docere	docet er/sie/es unterrichtet	docent sie unterrichten
disputare	disputat er/sie/es diskutiert	disputant sie diskutieren
monere	monet er/sie/es ermahnt	monent sie ermahnen
legere	legit er/sie/es liest	legunt sie lesen
iuvare	iuvat er/sie/es hilft	iuvant sie helfen

c

Aratus (=guter Lehrer)	schlechter Lehrer in Rom
Z. 1: semper bene docet, cum liberis non disputat	cum liberis disputat
Z. 1–2: neque pellit neque monet	liberos pellit et monet
Z. 4: liberos semper iuvat	liberos non iuvat

d Marcus fühlt offensichtlich mit den Schülern in Rom mit, die von ihrem Lehrer schlecht behandelt werden. Er stellt sich vor, wie es ist, so einen schlechten Lehrer zu haben, und denkt daran, was Aratus für ein guter Lehrer ist. Das macht ihn traurig.

ABSCHLUSSTEST

1 mercator – ein/der Händler; vendere – verkaufen; emere – kaufen; salutare – grüßen

2

Singular		Plural	
cum serva	mit einer/der Sklavin	cum servis	mit (den) Sklaven/Sklavinnen
cum magistro	mit einem/dem Lehrer	cum magistris	mit (den) Lehrern
cum clamore	mit Geschrei	cum clamoribus	mit Schreien

3 Marcus (ruft): „Seht! Der Händler verkauft mit seinen Sklaven Schweine. Warum können wir kein Schwein kaufen? Ich vermisse mein Schwein."
Delia antwortet: „Wir sind nicht zu Hause, Marcus. Hier kannst du kein Schwein haben."
Der Händler grüßt Faustus und Delia: „Seid gegrüßt!"
Faustus und Delia kommen mit den Kindern näher und grüßen den Händler.
(...)
Der Händler schreit: „Ich sehe einen Dieb! Könnt ihr den Mann festhalten, Sklaven?"
Der Mann rennt. Die Sklaven rennen auch, aber sie können den Mann nicht festhalten. Dann diskutiert der Händler lange mit seinen Sklaven.
Er geht die Sklaven mit Geschrei an: „Oh nein! Der Verbrecher ist weg, das Schwein ist auch weg. Ich kann den Mann nicht mehr sehen. Oft kommen Diebe. Ihr müsst die Diebe angehen und festhalten, Sklaven!"

4 Der Händler erwartet von seinen Sklaven, dass sie einen Dieb einholen und fassen können. Da sie es nicht schaffen, ist der Händler wütend.

LEKTION 5

Die antike Welt

1 1. insulae; 2. Sie wurden zu hoch gebaut. / Sie wurden mit schlechtem Material gebaut. 3. Kochen auf offenem Feuer; 4. triclinium; 5. Regenwasser sammeln / Empfangsbereich / Licht hereinlassen
Die gesuchte Person ist Cornelia.

Vokabeln

2 senkrecht: 1. ergo; 2. habitare; 3. iratus; 4. deinde; 5. dicere; 6. bonus; 7. insula

waagerecht: 8. laetus; 9. malus; 10. via; 11. convenire; 12. Romae; 13. magnus; 14. ducere; 15. ostendere; 16. pauci; 17. beatus; 18. multi; 19. credere; 20. parvus

Grammatik

3 **a** dominas beatas – (die) glückliche(n) Herrinnen; cum pueris parvis – mit (den) kleinen Jungen; clamorem magnum – ein/das große(s) Geschrei; viri laeti – (die) fröhliche(n) Männer

b domina beata – eine/die glückliche Herrin; puer parvus – ein/der kleine Junge; clamor magnus – ein/das große(s) Geschrei; vir laetus – ein/der fröhliche Mann

4 In Subura vir dicit: „Hic viri cum mulieribus et **multis** liberis habitant. Videtis-ne insulas **magnas**?" Marcus ante tabernam **parvam** manet et dicit: „Video viros **iratos**." Vir: „Ita est. Viri **irati** sunt. Nam saepe tabernae **parvae** et insulae **magnae** ardent, sed domini **mali** viros et mulieres non iuvant." Marcus tacet et clamorem **magnum** audit.

In der Subura sagt ein Mann: „Hier wohnen die Männer zusammen mit ihren Frauen und vielen Kindern. Seht ihr die großen Mietshäuser?" Marcus wartet vor einem kleinen Wirtshaus und sagt: „Ich sehe zornige Männer." Der Mann (entgegnet): „So ist es. Die Männer sind zornig. Denn oft brennen die kleinen Wirtshäuser und die großen Miethäuser, aber die schlechten Herren/Vermieter helfen den Männern und Frauen nicht." Marcus schweigt und hört großes Geschrei.

5 Liberi ad **Davum** accedunt et dicunt: „In **Subura** multi viri et multae mulieres in tabernis laborant. Viri saepe cum **servis** disputant. Pericula quoque ibi magna sunt. Saepe viri cum **mulieribus** ex insulis veniunt et clamant: ‚Flammae, flammae!' Tum ante insulas manent et flent."

Die Kinder treten an Davus heran und sagen: „In der Subura arbeiten viele Männer und viele Frauen in Wirtshäusern. Die Männer diskutieren oft mit den Sklaven. Auch die Gefahren sind dort groß. Oft kommen die Männer mit den Frauen aus den Mietshäusern und rufen: ‚Flammen, Flammen!' Dann warten sie vor den Mietshäusern und weinen."

Der lateinische Text

6 **a** Der Onkel geht weg und trifft auf dem Forum einen Freund. Die Kinder, Delia und Faustus sind in dem großen Haus. Cornelia sagt: „Endlich sind wir in Rom. Ich bin glücklich. Siehst du etwa große Gefahren und üble Verbrecher, Marcus? Hier sind keine schlechten Männer. Bist du nicht froh?" Marcus antwortet froh: „So ist es. Das Haus gefällt (mir). Es ist nicht klein. Hier wohnt der Onkel mit vielen Sklaven – und jetzt könne auch wir mit Faustus und Delia hier wohnen!"

b 1. Nonne laetus es? – Prädikatsnomen
2. Marcus laetus respondet. – Prädikativum

c Grund 1: Marcus gefällt das Haus des Onkels. Textbeleg Z. 5: Aedificium placet. Parvum non est. Grund 2: Marcus gefällt, dass Cornelia und er gemeinsam mit Faustus und Delia im Haus wohnen können, da das Haus groß genug ist. Textbeleg Z. 6–7: nos quoque cum Fausto et Delia hic habitare possumus!

d individuelle Lösungen

ABSCHLUSSTEST

1 Z. 5: Nonne e Gallia (Gallien) venitis? Erwartete Antwort: Ja, wir kommen aus Gallien.
Z. 7: Num serva es? Erwartete Antwort: Nein, ich bin keine Sklavin.

2 Galla bedeutet hier Gallierin.

3 Die Kinder treffen sich vor dem Haus. Dann sagt Marcus: „Ich sehe hier viele Menschen, Schweine sehe ich aber nicht. Ich vermisse mein Schwein. Im Garten arbeiten viele Sklaven. Sie freuen sich nicht, denn die Sonne brennt." Cornelia antwortet: „Im Haus sind viele Sklavinnen. Sieh mal, Delia kommt mit einem Mädchen aus dem Haus."
Das Mädchen tritt an die Kinder heran und sagt fröhlich: „Kommt ihr nicht aus Gallien? Ich bin auch Gallierin. Jetzt wohne ich in Rom und arbeite hier mit vielen Sklaven."
Marcus fragt: „Bist du etwa eine Sklavin?"
Da ist das Mädchen nicht (mehr) froh und antwortet: „So ist es, ich bin Sklavin. Aber Flavius ist ein guter Herr."

4 Das Mädchen freut sich zunächst, Kinder aus ihrer Heimat Gallien zu treffen. Allerdings ändert sich ihre Stimmung und sie wird traurig, als sie daran erinnert wird, dass sie ja eine Sklavin ist.

LEKTION 6

Die antike Welt

1 Umkleideraum – apodyterium; Kaltbaderaum – frigidarium; lauwarmes Bad – tepidarium; Heißbaderaum – caldarium; Sportplatz – palaestra; Schwimmbecken – natatio

Vokabeln

2 gratia – ein/der Dank, ein/das Ansehen; homo – ein/der Mensch; numerus – eine/die Zahl, eine/die Anzahl; custodire – bewachen; occupatus – beschäftigt; iuvenis – ein/der junge(r) Mann; soror – eine/die Schwester; victor – ein/der Sieger

LEKTION 6

3 1. Wenn etwas nicht **legal** ist, dann ist es gesetzlich nicht erlaubt. (lex, legis – ein/das Gesetz)
2. Wenn jemand **Kontra** gibt, dann widerspricht er jemandem. (contra – gegen)
3. Auf einer Müll**deponie** legt man Müll ab. (deponere – ablegen)
4. Ein **Agent** führt Aufgaben aus. (agere – machen, tun, (ver)handeln)
5. Ein **Duo** ist ein Musikstück für zwei Personen. (duo – zwei)

Grammatik

4 **a** servi – eines/des Sklaven; furum – der Diebe; victoris – eines/des Siegers; numerorum – der Zahlen; sororis – einer/der Schwester; filiae – einer/der Tochter; sermonis – eines/des Gesprächs; pueri – eines/des Jungen

b servi: 1. Gen. Sg. – eines/des Sklaven; 2. Nom. Pl. – (die) Sklaven
filiae: 1. Gen. Sg. – einer/der Tochter; 2. Nom. Pl. – (die) Töchter
pueri: 1. Gen. Sg. – eines/des Jungen; 2. Nom. Pl. – (die) Jungen

5 1. Numerus servorum magnus est. – Die Zahl der Sklaven ist groß.
2. Marcus vocem mercatoris audit. – Marcus hört die Stimme eines Händlers.
3. Flavius avunculus Marci est. – Flavius ist der Onkel von Marcus.
4. Flavius: „Magnitudinem insulae non minuo." – Flavius (sagt): „Ich verringere die Größe des Wohnblocks nicht."

6

	Sg.		Pl.	
Nom.	vox	eine/die Stimme	leges	(die) Gesetze
Gen.	vocis	einer/der Stimme	legum	der Gesetze
Akk.	vocem	eine/die Stimme	leges	(die) Gesetze
Abl.	voce	mit einer/der Stimme	legibus	durch (die) Gesetze

7 1. Mercator magna voce clamat: „Cibos bonos vendo." Frage: Womit ruft Marcus? – Ein Händler ruft mit lauter Stimme: „Ich verkaufe gute Speisen."
2. Marcus ad mercatorem accedit et cibum pecunia emit. Frage: Womit kauft Marcus eine Speise? – Marcus tritt zum Händler heran und kauft mit (seinem) Geld eine Speise.

Der lateinische Text

6 **a** Delia und Cornelia sind im Garten des Onkels und unterhalten sich. Cornelia fragt: „Warum suchen wir nicht das Forum auf, Delia? Wir sind nicht beschäftigt. Dort können wir eine Tunika kaufen." Delia antwortet mit wenigen Worten: „Du sagst (das) gut./Du hast Recht." Wenig später betreten Delia und Cornelia mit einem Sklaven des Onkels das Forum. Dort rennen viele Kinder schnell. Delia und Cornelia treten heran und schauen zu. Die Menschenmenge ruft: „Rennt! Schnell!" Schließlich ist ein Junge der Sieger und freut sich. Plötzlich hören Cornelia und Delia die Stimme eines Händlers. Der Händler schreit mit lauter Stimme: „Kauft! Kauft, Männer und Frauen! Ich verkaufe gute Tuniken. Es ist nicht notwendig, eine große Menge Geld zu haben/Man braucht keine große Menge Geld." Cornelia sagt leise: „Sieh, Delia, die Tuniken des Mannes gefallen (mir) / sind schön." Dann verhandelt Delia mit dem Händler. Daraufhin kauft sie die Tuniken. Delia und Cornelia sind froh.

b Ablativ: Horto (Wo?); paucis verbis (Womit?); servo (Mit wem?); magna voce (Womit?); parva voce (Womit?); mercatore (Mit wem?)

   c Z. 1–5 (bis bene dicis): Ein Plan wird gemacht
     Z. 5–7 (bis gaudet): Buntes Treiben auf dem Forum
     Z. 7–11 (bis laetae sunt): Delia und Cornelia verhandeln und kaufen Tuniken.

   d individuelle Lösungen. Folgende Überlegungen können eine Rolle spielen:
     – Heutzutage kauft man Kleidung eher selten am Markt.
     – Man sucht einzelne Geschäfte oder Einkaufszentren auf, um Kleidung zu kaufen, oder kauft
       im Internet.
     – Man verhandelt selten den Preis.
     – Kein Händler bietet laut schreiend seine Ware an.

ABSCHLUSSTEST

1 Substantiv: dolor – ein/der Schmerz
   Adjektiv: iratus – wütend, zornig; laetus – fröhlich, froh
   Verb: gaudere – sich freuen; placere – gefallen; flere – weinen; sentire – fühlen, wahnehmen, meinen

2 **a** 1. Cornelia freut sich nicht.
      2. Cornelia freut sich nicht über das Essen.

   d cibo: Abl. Sg.; Frage: Worüber?

3 Cornelia überlegt: „Ich muss mit der Sklavin Delia eine Unterhaltung führen."
   Plötzlich tritt Delia heran, sie bringt Wasser und Essen. Sie sieht Cornelia an und fragt: „Was ist,
   Cornelia? Warum freust du dich nicht über das Wasser und das Essen? Gefällt es (dir) nicht, im
   großen Haus des Flavius zu wohnen?" Zuerst schweigt Cornelia, dann sagt sie: „Delia! Ich bin nicht
   mehr froh, weil der Onkel Männer mit Geld besticht. Es ist gegen das Gesetz. Außerdem verringert
   der Onkel die Größe des Mietshauses nicht. Deshalb hat eine große Zahl von Menschen in der Subura
   vor Gefahren Angst. Die Mietshäuser brennen oft. Wer hilft den Menschen? Marcus ist wütend, weil
   er mit dem Onkel nicht diskutieren kann."
   Cornelia weint. Delia berührt Cornelia und fühlt den Schmerz des Mädchens.

4 1. Der Onkel besticht Personen mit Geld (quia avunculus viros pecunia corrumpit, Z. 4–5).
   2. Der Onkel baut die Mietshäuser zu hoch, es bricht leicht Feuer aus, das den Menschen Angst macht
   (avunculus magnitudinem insulae non minuit / Insulae saepe ardent, Z. 5/6).

WORTSCHATZARBEIT   LEKTION 4–6

1 **a** Bild 1: mercator, liberi, domina, aedificium, servus, pecunia, equus, vendere
     Bild 2: insula, liberi, sceleratus, aqua, via, aedificium, iacere, timere

   b individuelle Lösungen

2 individuelle Lösungen

LEKTION 7

LEKTION 7

Die antike Welt

1 Vor dem **Tempel**, in dem die Römer die drei obersten Staatsgötter Jupiter, Juno und Minerva verehren, soll heute eine Opferfeier stattfinden. Durch das Opfer danken die Römer den Göttern für ihren Beistand und bitten sie um **Hilfe**. Die Opferhandlung folgt festen **Regeln**. Zuerst müssen alle Anwesenden **leise sein**. Dann betet der Priester. Danach wird das Opfertier, meist ein **Stier**, herbeigebracht und geschlachtet. Aus dem Verhalten des Tieres und vor allem aus seinen Innereien kann der Priester die **Zukunft** lesen, das Fleisch wird dann verbrannt oder an die Teilnehmerinnen und Teilnehmer der Opferzeremonie verteilt.

2 Jupiter: Ich gehöre zu den drei obersten Staatsgöttern Roms und besitze als <u>Göttervater</u> die größte Macht. Als <u>Wettergott</u> schleudere ich außerdem gerne <u>Blitze</u>.
Mars: Ich bin der <u>Gott des Krieges</u>. Entsprechend trage ich einen <u>Helm</u> und eine <u>Rüstung</u> und bin mit einer <u>Lanze</u> sowie einem <u>Schild</u> ausgestattet.
Minerva: Ich gehöre zu den drei obersten Staatsgöttern Roms und trage meist Helm, <u>Speer</u> und <u>Schild</u>. In meiner Verantwortung liegen die <u>Kriegskunst</u> und <u>Weisheit</u>.
Venus: Über mich sagt man, dass ich die <u>Schönste aller Göttinnen</u> sei. Ich werde oft von Tauben begleitet und bin als Göttin zuständig für die <u>Liebe</u> und <u>Schönheit</u>.

Vokabeln

3 1. agere ≈ facere; 2. primo ↔ postremo; 3. adesse ≈ iuvare; 4. interficere ↔ servare; 5. pater et mater ≈ parentes; 6. dare ↔ capere

Grammatik

4 a Dative: tunicis, parentibus, tauris, dominae, deo, sorori

b a-Dekl.: tunicis – (den) Tuniken; dominae – einer/der Herrin
o-Dekl.: tauris – (den) Stieren; deo – einem/dem Gott
kons. Dekl.: parentibus – (den) Eltern; sorori – einer/der Schwester

5

docēre	audire	agere	cupere
doceo – ich unterrichte	audio – ich höre	ago – ich mache	cupio – ich wünsche
docet – er/sie/es unterrichtet	audit – er/sie/es hört	agit – er/sie/es macht	cupit – er/sie/es wünscht
docetis – ihr unterrichtet	auditis – ihr hört	agitis – ihr macht	cupitis – ihr wünscht
docent – sie unterrichten	audiunt – sie hören	agunt – sie machen	cupiunt – sie wünschen
doce! – unterrichte!	audi! – höre!	age! – mach!	cupe! – wünsche!
docete! – unterrichtet!	audite! – hört!	agite! – macht!	cupite! – wünscht!

6 1. Dativ des Besitzers – Die Götter haben viele Tempel.
2. Dativobjekt – Der Priester dankt den Göttern.
3. Dativobjekt – Dem Priester helfen viele Diener.
4. Dativobjekt – Der Priester befiehlt den Dienern: „Kommt!"

Der lateinische Text

7 **a** Plötzlich ist die Mutter Flavia da und sieht Cornelia an. Cornelia grüßt ihre Mutter und fragt: „Was tust du hier, Mutter? Ich bin nicht froh, sondern traurig. Ich vermisse dich. Kannst du mir helfen?" Flavia antwortet: „Hast du Angst, weil der Vater nicht da ist?" „So ist es", sagt Cornelia, „viele Verbrecher sind auf den Straßen. Vielleicht nähern sie sich Vater und wollen Pferde und Geld stehlen."
Cornelia weint. Die Mutter berührt das Mädchen. So verringert sie den Schmerz. Flavia sagt leise: „Sei guten Mutes, Cornelia! / Kopf hoch, Cornelia! Immer bewachen viele Sklaven deinen Vater und können ihn beschützen. Außerdem stehen die Götter uns bei. Bring den Göttern ein Opfer!" „Ich danke dir, Mutter, jetzt habe ich keine Angst mehr", antwortet Cornelia. Jetzt ist das Mädchen froh.

b Z. 2: ego (Cornelia); Z. 3: te (Mutter); Z. 3: mihi (Cornelia); Z. 4: tibi (Cornelia); Z. 9: nobis (Cornelia und Mutter); Z. 9: tibi (Mutter); Z. 9: mihi (Cornelia)

c Das Verhältnis zwischen Cornelia und ihrer Mutter ist eng:
1. Die Mutter erscheint im Traum (Subito mater Flavia adest et Corneliam spectat, Z. 1).
2. Cornelia träumt davon, dass sie ihre Mutter um Hilfe bittet (Mihi-ne adesse potes?, Z. 3).
3. Die Mutter kann Cornelia im Traum Trost spenden (Mater puellam tangit. Ita dolore minuit, Z. 7; Nunc puella laeta est, Z. 10).

d individuelle Lösungen. Wichtige Bestandteile sind Anrede am Anfang und ein Abschiedsgruß am Schluss.

ABSCHLUSSTEST

1 Z. 2: sacrum facere – ein Opfer bringen
Z. 3: tu deus magnus es – du bist ein großer Gott
Z. 4: nunc te oro – jetzt bitte ich
Z. 5: ad aram accedit – er/sie/es tritt an den Altar heran
Z. 5: vinum libat – er/sie/es gießt Wein aus
Z. 6: tibi gratias ago – ich danke dir

2 Z. 1: avunculo → avunculis; Z. 2: deo → deis; Z. 3: mercatoribus → mercatori; Z. 6: tibi → vobis; Z. 6: patri → patribus

3 Cornelia und Marcus nähern sich dem Onkel. Plötzlich bringt ein Sklave Wein. Marcus fragt seine Schwester: „Was macht der Onkel, Cornelia?" Cornelia antwortet: „Flavius will einem Gott ein Opfer bringen." Dann ruft Flavius mit lauter Stimme: „Merkur, du bist ein großer Gott und stehst den Händlern immer bei, jetzt bitte ich dich: Hilf Cornelius! Denn du kannst Cornelius auf den Straßen bewachen. Deshalb bringen wir dir jetzt ein Opfer dar." Darauf tritt er an den Altar heran und gießt Wein aus. Zuletzt ruft Flavius: „Ich danke dir, Merkur!" Die Kinder sind froh: Der Gott steht dem Vater sicher bei.

4 Gemeinsamkeiten: Anruf des Gottes, Bitte um Hilfe, Opfergabe
Unterschiede: im Haus, nicht öffentlich auf dem Kapitol; die Opfergabe ist Wein, kein Stier

LEKTION 8

Die antike Welt

1 Gladiatorenkämpfe: Sie fanden in Rom im Kolosseum statt. Es gab verschiedene Typen wie den Murmillo oder den Hoplomachus. Man konnte Ruhm erlangen, aber auch sterben.
Schauspiele: Die Akteure trugen Masken aus Gips, Ton oder Bronze. Sie wurden in einem Theater aufgeführt. Es gab eine Tragödie oder eine Komödie.
Wagenrennen: Es gab insgesamt vier Teams in den Farben Weiß, Rot, Grün, Blau. Ihr größter Austragungsort in Rom war der Circus Maximus. Etwa 250 000 Zuschauer konnten in Rom dabei sein.

Lösungswörter: tum – da, dann, damals; ita – so; iam – schon, nun

Vokabeln

2 hodie – heute; iterum – wieder(um); prope – in der Nähe, nahe bei; de – über, um, von ... her, von ... herab; modo – nur, gerade – paene – fast, beinahe; vel – oder; fortasse – vielleicht

3 Spektakel: ein aufsehenerregendes Spiel → spectaculum
klar: eindeutig → clarus
glorreich: eindrucksvoll, etwas, wofür man viel Ruhm erhält → gloria
Defensive: die Verteidigung → defendere

Grammatik

4 1. KNG Bezugswort: gladiatores: Akk. Pl. m; KNG Relativpronomen: qui: Nom. Pl. m – Im Amphitheater erwartet die Menge die Gladiatoren, die mit dem Schwert kämpfen.
2. KNG Bezugswort: gladiatores: Akk. Pl. m; KNG Relativpronomen: quos: Akk. Pl. m – Die Menge begrüßt die Gladiatoren, die sie liebt.
3. KNG Bezugswort: Gloria: Nom. Sg. f; KNG Relativpronomen: quam: Akk. Sg. f – Der Ruhm, nach dem die Gladiatoren streben, ist groß.
4. KNG Bezugswort: homines: Nom. Pl. m; KNG Relativpronomen: quibus: Dat. Pl. m – Viele Menschen, denen die Schauspiele gefallen, eilen zum Amphitheater.

5 1. petebam; 2. eras; 3. temptabat; 4. vocabamus; 5. amittebatis; 6. defendebant

6 1. Viele Gladiatoren kämpften in Rom und strebten nach Ruhm.
2. Die Menschen, die anwesend waren und die Gladiatoren sahen, freuten sich über die Schauspiele.

Der lateinische Text

7 **a** Schon lange hörte ich das Geschrei fröhlicher Menschen, die zusahen. In Rom lieben die Menschen Schauspiele! Immer wieder schrie die Menge: „Wann fangen die Gladiatoren an? Kämpft! Kämpft!" Dann sehe ich den Gladiatoren Manlius, der schon wartet. Plötzlich greift er an. Wir kämpfen. Fast verliere ich mein Schwert. Dann fühle ich große Schmerzen und sehe Blut: mein Blut! Aber das Leben, das ich liebe, verliere ich nicht, weil ich mich gut verteidige. Zuletzt verwunde ich Manlius mit dem Schwert und bin der Sieger. Deshalb bin ich jetzt berühmt! Ich habe nicht nur viel Geld, sondern auch den Ruhm, nach dem ich immer strebte.

b Z. 1: qui → hominum laetorum; Z. 5: qui → Manlium gladiatorem; Z. 9: quam → vitam;
Z. 11: quam → gloria

c Z. 1–5: Ferox ist im Amphitheater, hört die tobende Menge, die auf den Beginn des Kampfes ungeduldig wartet.
Z. 5–10: Ferox und Manlius kämpfen. (tum, deinde, postremo)
Z. 10–11: Ferox ist durch diesen Kampf jetzt berühmt und reich geworden. (nunc)

d individuelle Lösungen. Hier kommen nicht nur Boxen oder Kickboxen in Betracht, sondern auch viele andere Risikosportarten.

ABSCHLUSSTEST

1 amo – ich liebe; desidero – ich vermisse; placet – es gefällt; placent – sie gefallen

2 Z. 2: quibuscum → porci; Z. 4: quos → homines; Z. 6: qui → Aratus; Z. 8: quos → parentes; Z. 8: in quo → aedificium; Z. 9: qui → servi et servae; Z. 10: quibus → sacra; Z. 11: quorum → gladiatores; Z. 12: quae → thermas

3 Marcus (erklärt): „Zu Hause spielte ich oft mit meinem Schwein. Hier sind keine Schweine, mit denen ich spielen kann. Deshalb vermisse ich mein Schwein. Zu Hause ist kein so großes Geschrei, in Rom aber schreien die Menschen, die du auf dem Forum siehst, immer laut. Und unser Lehrer Aratus, der uns immer unterrichtete, blieb zu Hause. Er ist nicht hier, hier lernen wir nichts."
Cornelia antwortet: „Ich vermisse hier unsere Eltern, die ich so liebe. Aber das Haus, in dem der Onkel wohnt, gefällt mir. Auch die Sklaven und Sklavinnen, die uns helfen, gefallen mir. Außerdem sehen wir in Rom viele Dinge, nicht nur Opfer, mit denen die Priester den Göttern danken, sondern auch Gladiatoren, deren Ruhm groß ist."
Marcus (erwidert): „Du hast Recht, Cornelia. Wir können auch zu den Thermen hingehen, die uns immer gefallen."

4 **a**

Vorteile des Landes	Vorteile der Stadt
Tiere, mit denen man lebt und spielt (cum porco ludebam, Z. 1)	das schöne Haus des Onkels (aedificium … mihi placet, Z. 8–9)
In der Stadt herrscht Lärm (domi clamor tantus non est, Z. 3–4)	Viele Sklaven und Sklavinnen im Haus (servi … placent, Z. 9)
Hauslehrer, der die Kinder unterrichtet (Aratus, qui semper nos docebat, Z. 5–6)	Es gibt viel zu sehen, z. B. Opferhandlungen (sacra, Z. 10) und Gladiatoren (gladiatores, Z. 11)
	Thermen (thermas, quae nobis semper placent, Z. 12)

b individuelle Lösungen

LEKTION 9

Die antike Welt

1 Senatoren kamen meist aus **angesehenen** Familien, verhielten sich aber nicht immer sehr vornehm. Denn einige Senatoren, darunter auch Gaius Verres, nutzten ihr Amt als **Statthalter** aus, um sich selbst zu bereichern. Eigentlich war es deren Aufgabe, die römischen **Provinzen** zu verwalten und für Sicherheit, Recht und Ordnung zu sorgen. Gaius Verres aber plünderte die Provinzbewohner aus und vergrößerte seinen **Besitz**.

Vokabeln

2 mögliche Wörter: forum – das Forum; negotium – eine/die Aufgabe; verbum – ein/das Wort; audire – hören; disputare – diskutieren; orationem habere – eine Rede halten; respondere – antworten; rogare – fragen; salutare – grüßen; imperare – herrschen; administrare – verwalten; provincia – eine/die Provinz

3 in-ire – hineingehen; ex-ire – hinausgehen

Grammatik

4 Kopf- und Gefühlsverben: scire, dolere, videre, audire, clamare, sentire – Lösungswort: rostra
Akkusative: senatores, spectacula, orationem, provinciam, oculos – Lösungswort: curia
Infinitive: redire, addere, ire, curare, tollere, temptare, pugnare – Lösungswort: templum

5 **a** Akkusativ – Infinitiv – Verb, das den AcI einleitet

1. Constat multos homines in foro Aemilium exspectare. – Es steht fest, dass viele Menschen auf dem Forum Aemilius erwarten.
2. Flavius Aemilium hodie orationem habere scit. – Flavius weiß, dass Aemilius heute eine Rede hält.
3. Cornelia Flavium dominum bonum non esse credit. – Cornelia glaubt, dass Flavius kein guter Vermieter ist.

b 1. AcI: nein – Aemilius will die Asianer verteidigen.
2. AcI: ja – Aemilius sagt, dass Clodius ein schlechter Senator ist.
3. AcI: nein – Aemilius: „Es ist Clodius nicht erlaubt, gegen das Gesetz zu handeln."
4. AcI: ja – Aemilius: „Die Römer wissen, dass Asia nun eine arme Provinz ist."

Der lateinische Text

6 **a** 1. Es steht fest, dass dort immer viele Römer sind. Die Römer sagen, dass die Menschen dort gute Reden halten. Dort ist es Römern erlaubt, Opfer darzubringen. Denn die Tempel des Gottes Saturn und der Göttin Vesta sind dort. Viele Menschen, die Lebensmittel oder Getreide kaufen wollen, gehen dorthin. Die Römer treffen dort oft Händler, mit denen sie Geschäfte machen wollen.
2. Die Kinder gehen zu Fortunatus. Alle wissen, dass Fortunatus weder schlägt noch mit lauter Stimme schreit. Fortunatus antwortet immer, wenn die Kinder eine Frage stellen. Die Kinder lernen die Buchstaben, die Fortunatus ihnen gut beibringt. Die Worte, die Fortunatus sagt, gefallen den Kindern. Die Kinder schreiben Wörter, die Fortunatus mit lauter Stimme vorliest. Zuletzt gehen sie nach Hause.

b 1. Forum Romanum
2. Lehrer (magister)

c Akkusativ – Infinitiv – Verb, das den AcI einleitet

1. Z. 1: <u>constat</u> ibi semper <u>multos Romanos</u> <u>esse</u> – Z. 2: <u>dicunt</u> <u>homines</u> ibi orationes bonas <u>habere</u>
2. Z. 2: <u>sciunt</u> <u>Fortunatum</u> neque <u>pellere</u> neque magna voce <u>clamare</u>

d Rätsel 1: Auf dem Forum wurden religiöse Handlungen ausgeführt; es wurden Reden gehalten (z. B. sprach ein Anwalt bei einem Prozess für einen Mandanten); es wurden Lebensmittel gehandelt und Geschäfte abgeschlossen.
Es gibt keinen modernen Ort für alle diese Aktivitäten. Ein Ort, an dem viele davon zu finden sind, ist ein Marktplatz oder ein Einkaufszentrum.

ABSCHLUSSTEST

1 orationes habere – Reden halten; homines contra iniurias defendere – Menschen gegen Ungerechtigkeiten verteidigen; homines miseros adiuvare – unglückliche Menschen unterstützen

2

	Präsens			Imperfekt	
	Singular	Plural		Singular	Plural
1. P.	adeo	adimus	1. P.	ibam	ibamus
2. P.	adis	aditis	2. P.	ibas	ibatis
3. P.	adit	adeunt	3. P.	ibat	ibant

3 Oft ging ich zum Forum und hielt dort mit lauter Stimme Reden, die viele Menschen hörten. Immer wieder verteidigte ich Menschen gegen Ungerechtigkeiten. Deshalb weiß ich, dass es im Römischen Reich viele Verbrecher gibt.
Nicht nur in Rom sind Verbrecher, sondern auch in der Provinz begehen viele Römer Ungerechtigkeiten/Untaten. Die Senatoren, die die Provinz verwalten, handeln dort manchmal gegen die Gesetze. Dann kommen Menschen aus der Provinz und gehen zu mir. Sie sagen, dass ein schlechter Senator die Provinz verwaltet. Alle wissen, dass ich immer unglückliche Menschen unterstütze.

4 Der Anwalt sagt, dass er „unglücklichen Menschen" hilft. Onkel Flavius wirkt nicht „unglücklich", er scheint mit Absicht andere zu bestechen und zu seinem Vorteil die Mietshäuser höher zu bauen, als erlaubt ist, um mehr Miete einnehmen zu können. Deshalb ist es unwahrscheinlich, dass der hier beschriebene Anwalt Flavius verteidigen würde.

WORTSCHATZARBEIT   LEKTION 7–9

1 a Bild 1: templum, minister, turba, deus, orare, sacra, sacerdos, taurus
Bild 2: oculus, gladius, tollere, pugnare, defendere, turba, gladiator, vulnerare

b individuelle Lösungen

2 individuelle Lösungen

GRAMMATIK

(4) G1 **Was gehört wohin?** ▶ Video ▶ Quiz

Ordne die Substantive dem richtigen Numerus zu und übersetze sie.

verbum | filius | pericula | servus | filiae | verba | filii | periculum

_____	dt. _____
_____	dt. _____
_____	dt. _____
_____	dt. _____
_____	dt. _____
_____	dt. _____
_____	dt. _____
_____	dt. _____

(5) G1 **Was ist das?**

Bestimme die Substantive nach der Deklination, dem Genus und dem Numerus.
Übersetze dann die Formen.

	Deklination	Genus	Numerus	Artikel	Bedeutung
servus				ein/der	Sklave
verba					
filiae					
liberi					
serva					

(6) G2 **Genau bestimmt!** ▶ Quiz

Bestimme jeweils die Konjugation und den Numerus der Verbformen.
Gib dann den Infinitiv und seine deutsche Bedeutung an.

	a-Konj.	e-Konj.	i-Konj.	Sg.	Pl.	Infinitiv	Übersetzung
rogant	☐	☐	☐	☐	☐		
debet	☐	☐	☐	☐	☐		
respondet	☐	☐	☐	☐	☐		
veniunt	☐	☐	☐	☐	☐		

7 G2 G3 **Triff deine Wahl!**
Wähle jeweils die passende Verbform aus und übersetze den Satz.

1 Liberi non _____ (laborat | laborant), sed _____ (gaudet | gaudent).

_____

2 Tum periculum _____ (est | sunt).

_____

3 Cornelia _____ (rogat | rogant): „Ubi _____ (est | sunt) Marcus et porcus?"

_____

4 Tum Marcus et porcus _____ (venit | veniunt).

_____

DER LATEINISCHE TEXT

8 **Textverständnis nachweisen**
Bearbeite die Aufgaben **a** bis **d** anhand des folgenden Textes. Eine Übersetzung ist hier nicht gefordert.
a Lies den Text.

Wo ist Marcus?
Cornelia sucht ihren Bruder Marcus. Sie spricht Delia im Garten an, wo die Sklaven gerade
bei der Arbeit sind.

Cornelia rogat: „Hic servi laborant. Ubi est Marcus?"

Delia respondet: „Hic non est."

Cornelia et serva manent.

Clamant: „Ubi es?"

5 Sed Marcus non respondet, non venit.

Cornelia non gaudet:

„Marcus certe domi est. Non laborat. Saepe dormit."

b Unterstreiche in jedem Satz Subjekt und Prädikat mit unterschiedlichen Farben.
Mach auch kenntlich, wenn das Subjekt im Prädikat steckt.
c Vergleiche die Aussagen mit dem Text. Kreuze an, ob eine Aussage richtig oder falsch ist.
Die Silben bilden in der richtigen Reihenfolge einen Lösungssatz.

Aussage	richtig	falsch
Die Sklaven arbeiten.	cus	mi
Cornelia und Delia warten nicht.	pe	mit
Marcus kommt.	sae	dor
Cornelia freut sich nicht.	por	sunt

Lösungssatz: _____

d Gib mit deinen eigenen Worten wieder, was Cornelia über ihren Bruder denkt.

LEKTION 1

ABSCHLUSSTEST

Aufgaben zur Texterschließung

Vokabeln

1 Markiere den Irrläufer. Begründe deine Entscheidung.

1 rogat | est | respondet | clamant

_____

2 puella | verba | domina | serva

_____

Grammatik

2 Unterstreiche im Text die Subjekte und Prädikate in unterschiedlichen Farben.

Der lateinische Text

Fragen über Fragen
Marcus und das mutige Ferkel Audax sind unzertrennlich. Einmal aber trifft
Hausherrin Flavia ihre Kinder Marcus und Cornelia ohne Audax im Freien an.

Flavia venit et rogat: „Ubi est porcus?"

Marcus respondet: „Hic non est. Certe domi est."

Nunc Flavia gaudet: „Certe domi iacet et dormit: Laborare non debet."

Verba placent.

5 Tum Flavia rogat: „Ubi servi, ubi servae sunt? Hic non sunt."

Cornelia respondet: „Dormiunt. Cur semper laborare debent? Etiam dominus et domina non

semper laborant."

Flavia clamat: „Domina sum. Servi et servae laborare debent."

3 Übersetze den Text in angemessenes Deutsch.

_____

_____

_____

_____

_____

_____

_____

_____

_____

_____

4 Erkläre anhand des Textes die Situation der Sklavinnen und Sklaven in Rom.

LEKTION 2

1 Richtig oder falsch?

Bestimme, ob folgende Aussagen richtig oder falsch sind. Die Lösungsbuchstaben ergeben in der richtigen Reihenfolge ein Lernwort der Lektion.

	richtig	falsch
Vielen Sklaven gelang die Flucht.	L	S
Sklaven wurden rechtlich wie eine Sache behandelt.	I	T
Sklaven konnten Geld besitzen und sich manchmal freikaufen.	R	U
Sklavinnen, die die heilende Wirkung von Pflanzen und Kräutern kannten, waren genauso viel wert wie jeder andere Sklave.	L	N
Viele Sklaven kamen als Kriegsgefangene ins Römische Reich.	E	R
Die Besitzer konnten Sklaven kennzeichnen, damit jeder sah, wem der Sklave gehörte.	E	P
Sklavinnen kümmerten sich um die Kinder der *familia*.	T	A

Lösungswort: _____

VOKABELN

2 Wörterschlange

Markiere die Infinitive, indem du die Wörterschlange passend unterteilst. Schreibe die Wörter mit ihrer deutschen Bedeutung auf. Schlage sie, wenn nötig, im Vokabelverzeichnis nach.

dolereflereintraresentireaudirevidererecogitarevalererespectaremonereapportare

_____   _____   _____

_____   _____   _____

_____   _____   _____

3 Ordnung muss sein.

Ordne die folgenden Buchstaben so, dass sich ein sinnvolles lateinisches Wort ergibt, und notiere seine Bedeutung.

ametu _____   eav _____

cloram _____   uermus _____

dloor _____   viall _____

aaqu _____   qiud _____

man _____   mielur _____

prumim _____   viunm _____

GRAMMATIK

(4) `G1` `G2` **Genau bestimmt!** ▶ Video (▶ Quiz)
Bestimme KNG der Substantive. Übersetze dann die Formen mit dem
bestimmten Artikel.

	Nom.	Akk.	Sg.	Pl.	m.	f.	n.	Übersetzung
mulier	☐	☐	☐	☐	☐	☐	☐	
dominas	☐	☐	☐	☐	☐	☐	☐	
vinum (2)	☐	☐	☐	☐	☐	☐	☐	
clamorem	☐	☐	☐	☐	☐	☐	☐	
servi	☐	☐	☐	☐	☐	☐	☐	
dolores (2)	☐	☐	☐	☐	☐	☐	☐	

(5) `G1` `G2` **Was sehen, was hören die Kinder?** ▶ Quiz
Ordne die Substantive sinnvoll den Satzanfängen zu, setze sie jeweils
in den Akkusativ und übersetze.

🔆 **Tipp:** Es sind mehrere Lösungen möglich.

mulier | servi | clamor | herbae | aqua

Marcus et Cornelia vident ...

mulierem – eine/die Frau
_____
_____
_____

Marcus et Cornelia audiunt ...
_____
_____
_____

6 `G1` `G2` `G3` **Sätze mit Struktur!**
Markiere bei jedem Satz Subjekt, Prädikat und Akkusativobjekt mit unterschiedlichen Farben.
Übersetze dann.

1 Liberi villam intrant. _____

2 Quid timet Marcus? _____

3 Marcus periculum sentit. _____

4 Terret-ne periculum etiam Corneliam? _____

5 Tum liberi clamores audiunt. _____

DER LATEINISCHE TEXT

 7 **Textverständnis nachweisen**

Bearbeite die Aufgaben **a** bis **d** anhand des folgenden Textes. Eine Übersetzung ist hier nicht gefordert.

a Lies den Text.

Hilfe für die Mutter

Flavia liegt mit Schmerzen in ihrem Schlafzimmer.

Delia venit et herbas apportat.

Rogat: „Dolet-ne umerus?"

Flavia respondet: „Umerus dolet."

Serva: „Herbae iuvant."

5 Ita est: Herbae dominam iuvant. Nunc Flavia dolores non sentit.

Subito domina et serva clamorem audiunt.

Liberi intrant.

Flavia et Delia liberos vident et gaudent.

b Unterstreiche die Akkusativobjekte und die zugehörigen Prädikate mit unterschiedlichen Farben.

c Nenne die beteiligten Personen und stelle zusammen, was sie jeweils tun.
Notiere hierzu das lateinische Verb im Infinitiv mit seiner deutschen Bedeutung.

Person/Personen	Tätigkeit

d Erkläre, was an Delias Verhalten typisch für eine römische Sklavin ist.

_____

_____

_____

_____

_____

_____

_____

_____

_____

ABSCHLUSSTEST

Aufgaben zur Texterschließung

Vokabeln

1 Markiere den Irrläufer. Begründe deine Entscheidung.

1 umerus | clamor | herba | dolor

_____

2 videre | sentire | spectare | apportare

_____

Grammatik

2 Unterstreiche im folgenden Text die Fragesätze und markiere die Fragewörter und Fragepartikel.

Der lateinische Text

Aratus kehrt zurück
Der Sklave Aratus war einige Tage unterwegs und kommt erst jetzt wieder zurück.

Aratus villam intrat. Servos et servas videt et clamat: „Salvete! Domi sum."

Flaviam non videt, sed clamorem audit. Rogat: „Quid est? Ubi est domina?"

Delia: „Domina non valet." Verba Aratum terrent.

Aratus klopft und betritt, nachdem Flavia „Herein!" gerufen hat, das Zimmer seiner Herrin.
Sie liegt im Bett, ihre Schulter ist verbunden. Cornelia ist bei ihr.

Aratus umerum spectat: „Quid dolet? Dolet-ne umerus?"

5 Cornelia flet: „Ita est. Mater *(Mutter)* dolorem sentit."

Tum Delia herbas apportat. Nam herbae semper iuvant.

3 Übersetze den Text in angemessenes Deutsch.

4 Nenne die richtige Antwort. Die Buchstaben ergeben in der richtigen Reihenfolge ein Lösungswort.

1 Wen findet Aratus vor, als er das Haus betritt?
servos et liberos (E)   servos et dominam (S)   servos et porcum (T)   servos et servas (A)

2 Was berichtet Delia über die Hausherrin?
Non dolet. (E)   Non valet. (Q)   Non iuvat. (T)   Non gaudet. (C)

3 Was sieht sich Aratus daraufhin an?
herbam (D)   villam (I)   umerum (U)   dolorem (M)

4 Was berichtet Cornelia?
Flavia dolorem sentit. (A)   Delia domina est. (Q)   Delia clamorem audit. (U)   Delia dormit. (D)

Lösungswort: _____

DIE ANTIKE WELT

(1) Richtig oder falsch?

Gib an, ob folgende Aussagen über Rom, seine Provinzen und das Reisen richtig oder falsch sind. Die Buchstaben in der richtigen Reihenfolge ergeben ein deutsches Lösungswort.

	richtig	falsch
Der römische Kaiser lebt in einer der vielen Provinzen des *Imperium Romanum*.	E	O
Marcus und Cornelia sind römische Bürger, obwohl sie noch nie in Rom waren.	I	C
Der Kaiser kümmert sich persönlich in den Provinzen darum, dass der Handel funktioniert und die Steuern eingetrieben werden.	A	P
Auf einem Markt in Rom kann man Waren aus den Provinzen des Römischen Reiches kaufen.	V	I
Für den Handel war das lange Fernstraßennetz sehr nützlich.	R	T
Zur Orientierung auf Reisen dienten Landkarten.	A	Z
Römer reisten lieber über Land als über das Meer.	N	R

Lösungswort: _____

VOKABELN

(2) Rätselwörter

Ergänze die Vokale und gib die Bedeutung der lateinischen Wörter an.

▢ m ▢ c ▢ s _____   f ▢ r _____

n ▢ qu ▢ ... n ▢ qu ▢ _____   t ▢ c ▢ r ▢ _____

d ▢ s ▢ d ▢ r ▢ r ▢ _____   r ▢ t ▢ n ▢ r ▢ _____

▢ rd ▢ r ▢ _____   d ▢ sc ▢ d ▢ r ▢ _____

▢ v ▢ nc ▢ l ▢ s _____   ▢ cc ▢ _____

qu ▢ qu ▢ _____   ▢ t ▢ qu ▢ _____

(3) Wort-Geschichten

Verfasse eine kurze Geschichte in deutscher Sprache, in die du mindestens acht (es können auch mehr sein) der folgenden lateinischen Wörter einbaust.

Beispiel: „Heute morgen, als *sol* gerade aufgegangen war, …"

campus | equus | sceleratus | sol | vehiculum | accedere | habere | desiderare | petere | tangere | trahere | celeriter | ibi | praeterea

GRAMMATIK

4 G1 G4 **Formenwechsel** ▶ Video 🔲 ▶ Quiz 🔲

Bilde die in Klammern geforderten Formen. Übersetze sie mündlich.

1 habeo → _____ (2. Person) → _____ (Plural) →

_____ (3. Person) → _____ (1. Person)

2 trahis → _____ (Plural) → _____ (1. Person) →

_____ (Singular) → _____ (3. Person)

3 audimus → _____ (Singular) → _____ (2. Person) →

_____ (3. Person) → _____ (Plural)

5 G1 G3 G4 **Wer macht was?**

a Unterstreiche Subjekte, Prädikate und Akkusativobjekte mit unterschiedlichen Farben. Übersetze dann.

1 Cornelia: „Video campos. Et tu, Marce, quid vides?"

_____

_____

2 Marcus: „Equos video. Servi, quid videtis?"

_____

_____

3 Servi: „Vehicula et equos videmus. Quid Cornelia videt?"

_____

_____

b Ordne die Verbformen aus den Sätzen in das Schema ein und ergänze die fehlende Form.

	Singular	Plural
1. P.		
2. P.		
3. P.		

6 G2 G3 **Wer redet wen wie an?**

Übersetze die Aufforderungen und wähle dabei jeweils eine passende Formulierung.

1 Cornelia bittet Marcus: „Servos iuva, Marce!"

_____

2 Aratus ruft streng: „Audite, liberi!"

_____

3 Die Herrin befiehlt: „Delia! Accede, Delia! Apporta aquam!"

_____

DER LATEINISCHE TEXT

7 **Textverständnis nachweisen**
Bearbeite die Aufgaben **a** bis **d** anhand des folgenden Textes. Eine Übersetzung ist hier nicht gefordert.
a Lies den Text.

Auf dem Weg nach Rom
Die Kinder und Delia machen auf ihrer langen Reise eine Pause. Marcus sitzt etwas abseits.

Sol ardet. Liberi vehicula et equos spectant.

Marcus cogitat: „Cur hic sumus? Non gaudeo. Amicos et porcum desidero." Marcus flet.

Delia accedit et rogat: „Cur fles, Marce? Nonne gaudes?" Marcus tacet.

Tum respondet: „Fures et sceleratos timeo. Times-ne tu quoque pericula, Delia?"

5 Delia: „Marce, gaude! Hic pericula non sunt."

Delia discedit et Corneliam videt.

Tum clamat: „Accede celeriter, Cornelia! Marcus flet."

Cornelia accedit. Marcum non monet, sed tangit.

b Gliedere den Text anhand der handelnden Personen. Nenne die Personen und beschreibe auf Deutsch, was sie gerade machen.

Personen	Handlung
liberi	*beobachten Wagen und Pferde*

c Übersetze die Sätze, vergleiche sie mit dem Text und korrigiere sie auf Deutsch.

1 Liberi aquam et porcos spectant.

_____

2 Marcus cogitat: „Gaudeo. Amicos non desidero."

_____

3 Cornelia Marcum monet et discedit.

_____

d Erkläre, wie Cornelia ihren Bruder Marcus ohne Worte trösten kann.

Aufgaben zur Texterschließung

Vokabeln

1 Finde in dem Text vier Substantive, die Personen bezeichnen. Gib die Grundform und die deutsche Bedeutung an.

_____

_____

_____

_____

Grammatik

2 Ordne die Verbformen der 1. und 2. Person aus Z. 1 und 2 in die Tabelle ein und bilde den jeweils anderen Numerus (Singular oder Plural).

Singular	Plural

Der lateinische Text

Kurz vor Rom
Die Kinder und Delia sitzen im Wagen und erreichen in Kürze Rom. Sie sprechen über die Reise.

Marcus: „Cur hic sumus? Cur Romam petimus, Delia? Neque amici neque Audax Romae

(in Rom) sunt. Non gaudeo, nam amicos desidero. Sceleratos-ne times, Delia?"

Delia respondet: „Non timeo. Avunculus Romae *(in Rom)* est. Liberos non habet.

Certe iam domi manet. Cur non gaudetis, Marce et Cornelia?"

5 Cornelia: „Ego gaudeo. Romae *(in Rom)* sol semper ardet. Sol placet.

Solem-ne iam sentis, Marce?"

Delia: „Ecce! Nonne videtis, liberi? Ibi Roma est."

3 Übersetze den Text in angemessenes Deutsch.

4 Charakterisiere die Geschwister Marcus und Cornelia. Belege mit dem lateinischen Text, inwiefern sie unterschiedliche Erwartungen haben.

1 **Vokabeln zuordnen**

a Wähle aus dem Wortspeicher Wörter aus, die zur Bildszene passen. Schreibe sie daneben und ziehe Linien ins Bild. Manche Wörter passen zu beiden Bildern.

b Notiere kurze lateinische Sätze, die zum Bild passen (z. B.: Liberi porcum spectant).

sol | ~~porcus~~ | debere | gaudere | equus | liberi | verbum | accedere | serva | discedere | dormire | servus | laborare | domina | valere | spectare | vinum | herba | dolor | monere | clamor | villa | periculum

porcus

2 **Eine Geschichte schreiben**

Verfasse zu einem der beiden Bilder eine kurze Geschichte auf Deutsch. Verwende in deiner Geschichte möglichst viele Wörter, die du in Aufgabe **1 a** zugeordnet hast.

DIE ANTIKE WELT

(1) Schule damals

Aratus erklärt deiner Klasse, wie Schule im antiken Rom war. Verfasse aus seiner Sicht einen kurzen Text, der sich an Kinder unserer Zeit richtet und die wichtigsten Informationen zu diesem Thema beinhaltet. Gehe dabei auf die folgenden Punkte ein.

Schulgebäude | Unterrichtszeit | Schulfächer |
Alter und Herkunft der Schulkinder (Mädchen/Jungen) |
Methoden der Lehrer

VOKABELN

(2) Kreuzworträtsel   ▶ Quiz

a Löse das Kreuzworträtsel, indem du die deutschen Wörter ins Lateinische übersetzt.
Die Lösungsbuchstaben ergeben in der richtigen Reihenfolge das Lösungswort. Gib auch dessen Bedeutung an.

1 du kaufst ↓

2 ein/der Händler →

3 ein/das Getreide →

4 du unterrichtest, lehrst ↓

5 wir lernen →

6 sie schreiben →

7 er/sie begrüßt, grüßt →

Lösungswort: _____

b Ordne die lateinischen Wörter anschließend den Sachfeldern zu. Eines passt zu beiden.

Schule	Markt

GRAMMATIK

3 G1 G2 **Triff deine Wahl!**
▶ Video ▶ Quiz

Markiere alle Ablativformen und ordne sie den Sätzen sinnvoll zu.
Übersetze dann die Sätze.

mercatoribus | frumentum | fora | liberis | litteras | clamore

1 Dominus cum _____ disputat.

_____

2 Servi cum _____ accedunt.

_____

3 Magister liberos cum _____ monet.

_____

4 G1 G2 **Wörterschlange**

a Hier sind fünf Substantive versteckt. Finde die Wortgrenzen und trenne die Wörter voneinander ab. Markiere dann die fünf Substantive.

benedisciscamicusviretdolorscribuntpuellatandemverbum

b Ordne die Substantive aus Teilaufgabe **a** nach ihrer Deklination in die Tabelle ein. Gib dann den Ablativ Singular und Plural an und übersetze die Formen mündlich. Ergänze dabei in Gedanken ein *cum*.
▶ Quiz

	a-Deklination	o-Deklination (-us)	o-Deklination (-um)	o-Deklination (-er)	kons. Deklination
Nom. Sg.					
Abl. Sg.					
Abl. Pl.					

5 G3 **Formen-Profi**

Bilde zu den Formen von *esse* die entsprechende Form von *posse* und übersetze sie.
▶ Quiz

sum – _____

es – _____

est – _____

sumus – _____

estis – _____

sunt – _____

DER LATEINISCHE TEXT

6 Textverständnis nachweisen

Bearbeite die Aufgaben **a** bis **d** anhand des folgenden Textes. Eine Übersetzung ist hier nicht gefordert.

a Lies den Text.

Zwei nachdenkliche Kinder

Die Kinder, Delia und Faustus gehen auf dem Marktplatz weiter. Marcus und Cornelia unterhalten sich über das Lernen mit ihrem Lehrer Aratus.

Cornelia: „Aratus semper bene docet. Cum liberis non disputat. Liberos neque

pellit neque cum clamore monet. Ita bene discere possumus. Hic autem pueri et puellae

non discunt, sed magistrum timent."

Marcus: „Ita est. Cum magistro Arato litteras legimus. Aratus liberos semper iuvat.

5 Cur hic esse non potest?" Tum tacet.

Delia puerum spectat et rogat: „Sentis-ne dolorem, Marce?"

Marcus: „Non doleo. Hic manere non possum. Cur non tandem discedimus?"

Marcus wischt sich eine Träne aus dem Gesicht.

b Liste die Verben auf, die beschreiben, was die Lehrer tun. Ordne sie in die Tabelle ein, bilde jeweils den anderen Numerus und übersetze dann.

Verb im Infinitiv	3. P. Singular	3. P. Plural
docere	docet *er/sie/es unterrichtet*	*docent sie unterrichten*

c Nenne mit Zeilenangaben aus dem Text, was ein guter Lehrer (Aratus) tut, und erschließe daraus, was ein schlechter Lehrer tut.

Aratus (= guter Lehrer)	schlechter Lehrer in Rom

d Gib mit eigenen Worten wieder, weshalb Marcus sich nicht wohl fühlt.

ABSCHLUSSTEST

Aufgaben zur Texterschließung

Vokabeln

1 Finde im Text vier Wörter aus dem Sachfeld „Einkaufen". Gib sie in der Grundform mit der deutschen Bedeutung an.

_____

_____

_____

_____

Grammatik

2 Ergänze die Tabelle mit den passenden Formen des Ablativs und notiere jeweils die Übersetzung.

Singular		Plural	
cum serva	*mit einer/der Sklavin*	cum	
cum		cum magistris	
cum clamore		cum	

Der lateinische Text

Aufregung auf dem Markt
Die Kinder, Delia und Faustus kommen auf ihrem Weg nach Hause an einem weiteren Markt vorbei.

Marcus: „Videte! Mercator cum servis porcos vendit. Cur porcum

emere non possumus? Porcum desidero."

Delia: „Domi non sumus, Marce. Hic porcum habere non potes."

Mercator Faustum et Deliam salutat: „Salvete!"

5 Faustus et Delia cum liberis accedunt et mercatorem salutant.

Plötzlich entsteht ein Tumult.

Mercator clamat: „Video furem! Virum-ne retinere potestis, servi?"

Vir currit. Servi quoque currunt, sed virum retinere non possunt. Tum mercator cum

servis diu disputat.

Servos cum clamore petit: „Vae! Sceleratus abest, porcus quoque abest.

10 Virum videre non iam *(nicht mehr)* possum. Saepe fures veniunt. Fures petere et retinere

debetis, servi!"

3 Übersetze den Text in angemessenes Deutsch.

4 Erkläre, weshalb der Händler seine Sklaven zurechtweist.

LEKTION 5

DIE ANTIKE WELT

(1) Wohnen im alten Rom

Markiere die richtigen Antworten. Es können auch mehrere Möglichkeiten richtig sein. Die insgesamt acht Lösungsbuchstaben ergeben in der richtigen Reihenfolge den Namen einer der Hauptpersonen.

1 Die meisten Römer wohnten in ...
insulae. (R)   viae. (L)   tabernae. (T)

2 Oft stürzten Wohnblöcke ein, denn sie wurden ...
zu hoch gebaut. (C)   gezielt zerstört. (B)   mit schlechtem Material gebaut. (A)

3 Was war in einer Mietswohnung nicht erlaubt?
spielen (F)   auf offenem Feuer kochen (N)   fremde Leute einladen (U)

4 Welche Bezeichnung hatte das Esszimmer?
triclinium (I)   atrium (B)   peristylium (T)

5 Welche Funktionen erfüllte das Atrium?
Regenwasser sammeln (O)   Empfangsbereich (L)   Licht hereinlassen (E)

Die gesuchte Person ist _____ .

VOKABELN

(2) Kreuzworträtsel　　　　　　　　　　　　　　　　　　　　　　▶ Quiz

senkrecht

1 also
2 wohnen, bewohnen
3 zornig, erzürnt
4 dann, daraufhin
5 sagen, sprechen
6 gut
7 Mietshaus, Insel

waagerecht

8 fröhlich, froh
9 schlecht
10 Weg, Straße
11 zusammenkommen, (jemanden) treffen
12 in Rom
13 groß, wichtig

14 führen
15 zeigen, erklären
16 wenige
17 glücklich
18 viele
19 glauben, meinen
20 klein, unwichtig

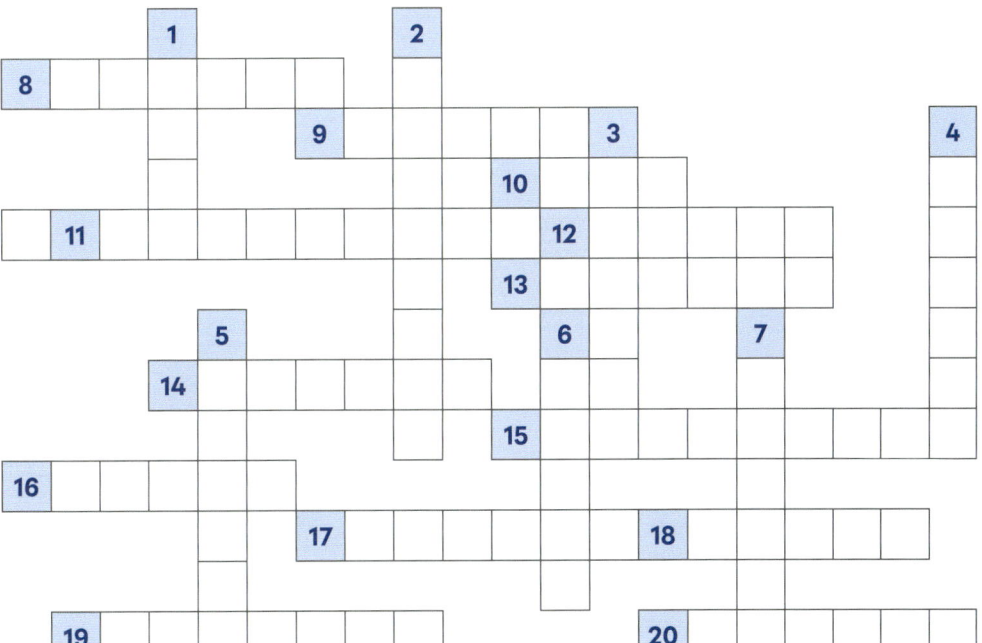

GRAMMATIK

(3) **G1** **Ordnung muss sein**   ▶ Video 🔲   ▶ Quiz 🔲

a Ordne jedem Substantiv ein passendes Adjektiv aus dem Wortspeicher zu.
Achte dabei auf die KNG-Kongruenz. Übersetze dann.

laeti | parvis | beatas | magnum

dominas _____   _____

cum pueris _____   _____

clamorem _____   _____

viri _____   _____

b Bilde jeweils den Nominativ Singular der Paare aus Teilaufgabe **a** und übersetze.

Nominativ Singular	Übersetzung

(4) **G1** **Formen-Profi: Adjektive**
Ergänze die Lücken, indem du das Adjektiv in KNG korrekt bildest. Übersetze dann.

In Subura vir dicit: „Hic viri cum mulieribus et _____ (multi) liberis

habitant. Videtis-ne insulas _____ (magnus)?" Marcus ante tabernam

_____ (parvus) manet et dicit: „Video viros _____ (iratus)."

Vir: „Ita est. Viri _____ (iratus) sunt. Nam saepe tabernae

_____ (parvus) et insulae _____ (magnus) ardent, sed

domini (*Vermieter*) _____ (malus) viros et mulieres non iuvant."

Marcus tacet et clamorem _____ (magnus) audit.

(5) **G3** **Formen-Profi: Präpositionen**   ▶ Quiz 🔲
Setze das in Klammern stehende Substantiv in den Kasus, den die Präposition verlangt.
Übersetze dann mündlich.

Endlich kommen die Kinder im Haus des Onkels an und treffen dort Davus.

Liberi ad _____ (Davus) accedunt et dicunt: „In _____

(Subura) multi viri et multae mulieres in _____ (tabernae) laborant. Viri saepe

cum _____ (servi) disputant. Pericula quoque ibi magna sunt. Saepe viri

cum _____ (mulieres) ex _____ (insulae) veniunt et clamant:

‚Flammae, flammae!' Tum ante _____ (insulae) manent et flent."

6 **Textverständnis nachweisen**

Bearbeite die Aufgaben **a** bis **d** anhand des folgenden Textes. Eine Übersetzung ist hier nicht gefordert.

a Lies den Text.

Im Haus des Onkels

Die Kinder haben ihren Onkel getroffen, doch der muss leider schon wieder fort.

Avunculus discedit et in foro amicum convenit. Liberi et Delia
et Faustus in aedificio magno sunt. Cornelia dicit: „Tandem
Romae sumus. Beata sum. Num pericula magna et sceleratos malos
vides, Marce? Hic viri mali non sunt. Nonne laetus es?" Marcus
5 laetus respondet: „Ita est. Aedificium placet. Parvum non est!
Hic avunculus cum multis servis habitat – et nunc nos quoque cum
Fausto et Delia hic habitare possumus!"

b Attribut, Prädikatsnomen oder Prädikativum? Nenne jeweils die Funktion, die *laetus* in ▶ Quiz 🖳
Zeile 4 hat.

1 Nonne laetus es? – _____

2 Marcus laetus respondet. – _____

c Stelle die Gründe zusammen, warum Marcus nun doch gerne in Rom ist.
Nenne dafür die lateinischen Textbelege.

Grund 1: _____

Textbeleg: _____

Grund 2: _____

Textbeleg: _____

d Verfasse einen Brief, den Marcus am Ende des Tages zufrieden und glücklich an seine Mutter
schreiben könnte. Vergiss nicht zu erwähnen, welche Erwartungen Marcus zunächst hatte.

_____

_____

_____

_____

_____

_____

_____

_____

_____

_____

_____

_____

Aufgaben zur Texterschließung

Vokabeln

1 Erkläre den Unterschied zwischen *num* und *nonne*, indem du angibst, welche Antwort erwartet wird.

Z. 5: Nonne e Gallia *(Gallien)* venitis?

☐ Ja, wir kommen aus Gallien.   ☐ Nein, wir kommen nicht aus Gallien.

Z. 7: Num serva es?

☐ Ja, ich bin eine Sklavin.   ☐ Nein, ich bin keine Sklavin.

2 In Zeile 5–6 spricht ein Mädchen und sagt: *„Ego quoque Galla sum."* Stelle Vermutungen an, was das Wort *Galla* in folgendem Satz bedeutet.

Galla bedeutet hier _____.

Grammatik

2 In den Zeilen 1–4 finden sich fünf Substantiv-Adjektiv-Verbindungen. Notiere und übersetze sie. Bestimme dann KNG.

Substantiv-Adjektiv-Verbindung	KNG

Der lateinische Text

Eine unerwartete Begegnung
Die Kinder laufen durch das Atriumhaus und sehen sich alles an. Anschließend treffen sich die beiden und berichten, was sie gesehen haben.

Liberi ante aedificium conveniunt. Tum Marcus dicit: „Hic multos homines video, sed porcos non video. Porcum meum *(mein)* desidero. In horto *(Garten)* multi servi laborant. Non gaudent, nam sol ardet." Cornelia respondet: „In aedificio multae servae sunt. Ecce, Delia cum puella ex aedificio venit."

5 Puella ad liberos accedit et laeta dicit: „Nonne e Gallia *(Gallien)* venitis? Ego quoque Galla sum. Nunc Romae habito et hic cum multis servis laboro."

Marcus rogat: „Num serva es?"

Tum puella laeta non est et respondet: „Ita est, serva sum. Sed Flavius dominus bonus est."

3 Übersetze den Text in angemessenes Deutsch.

4 Erkläre den Stimmungsumschwung der *puella* (Z. 5–8).

DIE ANTIKE WELT

(1) Thermenrundgang

Ordne die lateinischen Begriffe den deutschen zu.

apodyterium | caldarium | frigidarium | natatio | palaestra | tepidarium

Umkleideraum – _____   Heißbaderaum – _____

Kaltbaderaum – _____   Sportplatz – _____

lauwarmes Bad – _____   Schwimmbecken – _____

VOKABELN

(2) Wörterschlange   ▶ Quiz 🖰

Markiere die acht in der Wörterschlange versteckten lateinischen Wörter und
gib ihre Bedeutung an.

gratiamulhomotennumerusmcustodiretlpextsoccupatusiuiuvenislksororvictor

_____   _____

_____   _____

_____   _____

_____   _____

(3) Fremdwörter-Profi

Erschließe die Bedeutung der markierten Wörter mithilfe ihres lateinischen Ursprungs und vervoll-
ständige die Sätze zu einer Erklärung des jeweiligen Wortes. Notiere in Klammern das lateinische
Wort, von dem sich das Fremdwort ableitet.

1 Wenn etwas nicht **legal** ist, dann _____

_____

2 Wenn jemand **Kontra** gibt, dann _____

_____

3 Auf einer Müll**deponie** _____

_____

4 Ein **Agent** _____

_____

5 Ein **Duo** ist ein Musikstück _____

_____

GRAMMATIK

④ G1 Genitive gesucht ▶ Video 🖳

a Markiere alle acht Formen im Genitiv und übersetze sie.

dominum | soror | servi | pecuniam | iuvenes | furum | tunicam | insulas | victoris | numerorum | gratia | sororis | filiae | victorem | hominem | sermonis | pueri

_____ _____ _____ _____

_____ _____ _____ _____

b Drei der Genitiv-Formen sind zweideutig. Nenne sie, bestimme und übersetze beide Möglichkeiten.

_____

_____

_____

_____

⑤ G1 Genitivattribute und Bezugswörter gesucht ▶ Quiz 🖳 ▶ Quiz 🖳
Unterstreiche die Genitivattribute und umkreise ihre Bezugswörter.
Übersetze dann.

1 Numerus servorum magnus est.

_____

2 Marcus vocem mercatoris audit.

_____

3 Flavius avunculus Marci est.

_____

4 Flavius: „Magnitudinem insulae non minuo."

_____

⑥ G2 Formen-Profi
Bilde die in den Tabellen fehlenden Formen und übersetze sie.

	Singular	
Nom.		
Gen.		
Akk.	vocem	*eine/die Stimme*
Abl.		

	Plural	
Nom.		
Gen.		
Akk.		
Abl.	legibus	

❼ G3 Ablativ gesucht
Unterstreiche die Ablative und stelle die passende Ablativ-Frage. Übersetze dann.

1 Mercator magna voce clamat: „Cibos bonos vendo."   Frage: _____

_____

2 Marcus ad mercatorem accedit et cibum pecunia emit.   Frage: _____

_____

DER LATEINISCHE TEXT

8 **Textverständnis nachweisen**
Bearbeite die Aufgaben **a** bis **d** anhand des folgenden Textes. Eine Übersetzung ist hier nicht gefordert.
a Lies den Text.

Delia und Cornelia besuchen das Forum
Während Marcus mit dem Onkel die Thermen besucht,
bleiben Delia und Cornelia zu Hause zurück.

Delia et Cornelia in horto *(Garten)* avunculi sunt et
sermonem habent. Cornelia rogat: „Cur non forum
petimus, Delia? Occupatae non sumus. Ibi tunicam
emere possumus." Delia paucis verbis respondet:

5 „Bene dicis." Paulo post *(wenig später)* Delia et Cornelia cum servo avunculi forum intrant.
Ibi multi liberi celeriter currunt. Delia et Cornelia accedunt et spectant. Multitudo hominum
vocat: „Currite! Celeriter!" Tandem puer victor est et gaudet. Subito Cornelia et Delia vocem
mercatoris audiunt. Mercator magna voce clamat: „Emite! Emite, viri et mulieres! Tunicas
bonas vendo. Magnam copiam *(Menge)* pecuniae habere necesse non est." Cornelia parva

10 voce dicit: „Vide, Delia, tunicae viri placent." Tum Delia cum mercatore agit. Deinde tunicas
emit. Delia et Cornelia laetae sunt.

b Unterstreiche im Text alle Ablative. Verwende für die Fragen, auf die sie antworten, unterschiedliche
Farben.
c Gliedere den Text in Sinnabschnitte. Gib jedem Abschnitt eine passende Überschrift.

_____

_____

_____

_____

_____

_____

_____

_____

_____

_____

d Wie kaufst du Sachen zum Anziehen ein? Vergleiche dein Einkaufverhalten mit dem Einkaufen in
Rom. Halte deine Überlegungen dazu schriftlich fest.

LEKTION 6

Aufgaben zur Texterschließung

Vokabeln

1 Stelle ein Sachfeld zum Thema „Gefühle" mit einem lateinischen Substantiv, zwei Adjektiven und vier Verben aus dem Text unten zusammen. Nenne jeweils ihre Grundform und die deutsche Bedeutung.

Substantiv	Adjektiv	Verb

Grammatik

2 a Übersetze die folgenden Sätze in angemessenes Deutsch.

1 Cornelia non gaudet.

_____

2 Cornelia cibo non gaudet.

_____

b Bestimme, welcher Kasus bei *cibo* vorliegt, und gib an, wie du nach diesem Wort fragst.

_____

Der lateinische Text

Der Onkel – ein Schuft?
Cornelia denkt noch lange über ihr Gespräch mit Marcus über ihren Onkel nach.

Cornelia cogitat: „Cum Delia serva sermonem habere debeo."

Subito Delia accedit, aquam et cibum apportat. Corneliam spectat et rogat: „Quid est,

Cornelia? Cur aqua et cibo non gaudes? Nonne in magno aedificio Flavii habitare placet?"

Primo Cornelia tacet, tum dicit: „Delia! Non iam laeta sum, quia avunculus viros pecunia

5 corrumpit. Contra legem est. Praeterea avunculus magnitudinem insulae non minuit.

Itaque magnus numerus hominum in Subura pericula timet. Insulae saepe ardent. Quis

homines iuvat? Marcus iratus est, quia cum avunculo disputare non potest."

Cornelia flet. Delia Corneliam tangit et dolorem puellae sentit.

3 Übersetze den Text in angemessenes Deutsch.

4 Nenne zwei Gründe, warum Cornelia nicht mit dem Verhalten ihres Onkels einverstanden ist, und belege diese durch geeignete Textzitate mit Zeilenangaben.

1 **Vokabeln zuordnen**

  a Wähle aus dem Wortspeicher jeweils acht Wörter aus, die zur Bildszene passen. Schreibe sie daneben und ziehe Linien ins Bild. Zwei Wörter passen zu beiden Bildern.

  b Notiere kurze lateinische Sätze, die zum Bild passen (z. B.: Mercator pecuniam habet).

insula | beatus | mercator | legere | sententia | liberi | magister | domina | gaudere | gratia | flamma | sceleratus | aqua | victor | via | aedificium | servus | saepe | iacere | ardere | villa | pecunia | discere | equus | pellere | deinde | emere | habitare | timere | credere | vendere | abesse | patria | littera

2 **Eine Geschichte schreiben**

  Verfasse zu einem der beiden Bilder eine kurze Geschichte auf Deutsch. Verwende dabei möglichst viele Wörter, die du in Aufgabe **1 a** zugeordnet hast.

LEKTION 7

DIE ANTIKE WELT

1 **Opferfeier auf dem Kapitol**
Der folgende Text über eine Opferfeier auf dem Kapitol ist unvollständig. Ergänze die Lücken passend aus dem Wortspeicher.

Kapitol | Wünsche | Tempel | Hilfe | laut singen | Regeln | Weinfass | leise sein | Stier | Zukunft

Vor dem _____, in dem die Römer die drei obersten Staatsgötter Jupiter, Juno und

Minerva verehren, soll heute eine Opferfeier stattfinden. Durch das Opfer danken die Römer den

Göttern für ihren Beistand und bitten sie um _____. Die Opferhandlung folgt

festen _____. Zuerst müssen alle Anwesenden _____. Dann betet

der Priester. Danach wird das Opfertier, meist ein _____, herbeigebracht und

geschlachtet. Aus dem Verhalten des Tieres und vor allem aus seinen Innereien kann der Priester

die _____ lesen, das Fleisch wird dann verbrannt oder an die Teilnehmerinnen

und Teilnehmer der Opferzeremonie verteilt.

2 **Welche Gottheit spricht?**　　　　　　　　　　　　　　　　　　▶ Quiz
Notiere zu jeder Beschreibung die passende Gottheit. Unterstreiche ihre Erkennungs-
merkmale.

> Ich gehöre zu den drei obersten Staatsgöttern Roms und besitze als Göttervater die größte Macht. Als Wettergott schleudere ich außerdem gerne Blitze.

> Ich bin der Gott des Krieges. Entsprechend trage ich einen Helm und eine Rüstung und bin mit einer Lanze sowie einem Schild ausgestattet.

_____

_____

> Ich gehöre zu den drei obersten Staatsgöttern Roms und trage meist Helm, Speer und Schild. In meiner Verantwortung liegen die Kriegskunst und Weisheit.

> Über mich sagt man, dass ich die Schönste aller Göttinnen sei. Ich werde oft von Tauben begleitet und bin als Göttin zuständig für die Liebe und Schönheit.

_____

_____

VOKABELN

3 **Gegensätze und Entsprechungen**
Entscheide für die folgenden Wortpaare, ob sie eine ähnliche (≈) oder eine gegensätzliche Bedeutung
(↔) haben. Füge das passende Zeichen ein.

1 agere _____ facere　　　　**2** primo _____ postremo　　　　**3** adesse _____ iuvare

4 interficere _____ servare　　**5** pater et mater _____ parentes　　**6** dare _____ capere

GRAMMATIK

(4) G1 Dative gesucht ▶ Video  ▶ Quiz

a Markiere alle sechs Formen, die ein Dativ sein können.

tunicis | parentibus | legis | pecunia | tauris | dominae | voce | deo | sorori | montem | magnitudo

b Ordne die markierten Dativformen der passenden Amphore zu und übersetze sie als Dative.

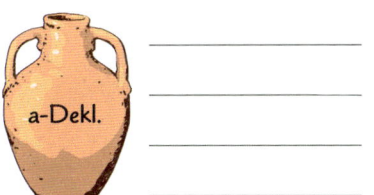

(5) G2 Verb-Profi ▶ Quiz

Ergänze die fehlenden Formen in der Tabelle und übersetze alle Formen.
Beachte dabei, zu welcher Konjugation die Verben gehören.

docēre	audire	agere	cupere
doceo *ich unterrichte*	audio		
		agit	
		agitis	cupitis
	audiunt		
doce!			
			cupite!

(6) G1 G3 Triff deine Wahl!

Entscheide, ob es sich bei den markierten Formen um ein Dativobjekt oder einen Dativ des Besitzers handelt. Übersetze dann die Sätze.

1 Deis multa templa sunt.   (Art des Dativs: _____)

_____

2 Sacerdos **deis** gratias agit.   (Art des Dativs: _____)

_____

3 Sacerdoti multi ministri adsunt.   (Art des Dativs: _____)

_____

4 Sacerdos **ministris** imperat: „Venite!"   (Art des Dativs: _____)

_____

DER LATEINISCHE TEXT

7 **Textverständnis nachweisen**

Bearbeite die Aufgaben **a** bis **d** anhand des folgenden Textes. Eine Übersetzung ist hier nicht gefordert.

a Lies den Text.

Cornelia träumt

Cornelia macht sich immer noch Sorgen um ihren Vater, als sie an diesem Abend zu Bett geht. Endlich schläft sie ein, ihr Schlaf ist aber unruhig und sie hat einen Traum:

Subito mater Flavia adest et Corneliam spectat. Cornelia matrem
salutat et rogat: „Quid tu hic facis, mater? Ego non laeta, sed
maesta *(traurig)* sum. Te desidero. Mihi-ne adesse potes?"
Flavia respondet: „Tibi-ne timor est, quia pater abest?"
5 „Sic est", inquit Cornelia, „multi scelerati in viis sunt. Fortasse
patri appropinquant et equos et pecuniam rapere cupiunt."
Cornelia flet. Mater puellam tangit. Ita dolorem minuit. Flavia parva voce dicit: „Bonum
animum habe, Cornelia! Semper multi servi patrem custodiunt et servare possunt. Praeterea
dei nobis adsunt. Deis sacrum fac!" „Tibi gratias ago, mater, nunc timor mihi non iam est",
10 Cornelia respondet. Nunc puella laeta est.

Sie schläft jetzt ruhig weiter.

b Schreibe alle Personalpronomina mit Zeilenangaben heraus und ergänze, wer jeweils gemeint ist.

Z. 2: tu (Mutter) _____   _____

_____   _____

_____   _____

_____   _____

c Beschreibe das Verhältnis Cornelias zu ihren Eltern. Führe dabei mindestens drei lateinische Textbelege an.

_____

_____

_____

_____

_____

d Schreibe auf Deutsch einen Brief, den Cornelia am nächsten Morgen an ihre Mutter schicken könnte. Beziehe dich dabei auf die Informationen, die der lateinische Text dir gibt.

ABSCHLUSSTEST

Aufgaben zur Texterschließung

Vokabeln

1 Stelle aus dem Text unten die Vokabeln und Ausdrücke zusammen, die mit einer Opferhandlung in Verbindung stehen, und übersetze sie.

_____

_____

_____

_____

Grammatik

2 Schreibe aus dem Text die Dative mit Zeilenangabe heraus und bilde den jeweils anderen Numerus. Schreibe gleiche Formen nur einmal auf.

Zeilenangabe	Dativ Singular	Dativ Plural

Der lateinische Text

Ein Opfer im Haus von Flavius

Damit sein Schwager wieder sicher nach Rom zurückkehrt, bringt Flavius am Hausaltar Merkur (*Mercurius, Mercurii m*), dem Gott der Reisenden und des Handels, ein Opfer dar. Die Kinder kommen in diesem Moment hinzu.

Cornelia et Marcus avunculo appropinquant. Subito servus vinum apportat. Marcus sororem

rogat: „Quid avunculus facit, Cornelia?" Cornelia respondet: „Flavius deo sacrum facere

cupit." Tum Flavius magna voce clamat: „Mercuri, tu deus magnus es et semper mercatoribus

ades, nunc te oro: Cornelium iuva! Nam tu Cornelium in viis custodire potes. Itaque nunc tibi

5 sacrum facimus." Deinde ad aram *(Altar)* accedit et vinum libat *(ausgießen)*. Postremo Flavius

clamat: „Tibi gratias ago, Mercuri!" Liberi laeti sunt: Deus certe patri adest.

3 Übersetze den Text in angemessenes Deutsch.

4 Vergleiche die Opferhandlung, die Flavius ausführt, mit der auf dem Kapitol. Schreibe Gemeinsamkeiten und Unterschiede auf.

LEKTION 8

DIE ANTIKE WELT

1 Vielfältige Spiele

a Bei den römischen Spielen gab es unterschiedliche Programmpunkte:

Gladiatorenkämpfe | Schauspiele | Wagenrennen

Weise jedem Programmpunkt eine Farbe deiner Wahl zu. Ordne die folgenden Aussagen dann den Programmpunkten zu, indem du sie mit der jeweils passenden Farbe markierst.

b Die Lösungsbuchstaben ergeben für jeden Programmpunkt in der richtigen Reihenfolge ein kurzes lateinisches Wort. Schreibe die Wörter auf und gib auch ihre Bedeutung an.

T Sie fanden in Rom im Kolosseum statt.	**M** Es gab verschiedene Typen wie den Murmillo oder den Hoplomachus.	**A** Etwa 250 000 Zuschauer konnten in Rom dabei sein.
I Es gab insgesamt vier Teams in den Farben Weiß, Rot, Grün, Blau.	**A** Die Akteure trugen Masken aus Gips, Ton oder Bronze.	**I** Sie wurden in einem Theater aufgeführt.
T Es gab eine Tragödie oder eine Komödie.	**M** Ihr größter Austragungsort in Rom war der Circus Maximus.	**U** Man konnte Ruhm erlangen, aber auch sterben.

Lösungswörter: _____

VOKABELN

2 Wörterschlange
Markiere die acht in der Wörterschlange versteckten Wörter und gib ihre Bedeutung an.

hodieavriterumpropevqtunmodoagdegpaeneatamohveledfzvfortasse

_____ _____ _____ _____

_____ _____ _____ _____

3 Fremdwörter-Profi
Erkläre die Bedeutung der markierten Wörter. Gib jeweils auch die zugrundeliegende lateinische Vokabel an.

Zwei Zuschauer unterhalten sich über ein Fußballspiel. Der eine: „Das Spiel war wieder einmal ein echtes **Spektakel**. Aber dass unsere Mannschaft so **klar** gewinnt, hätte ich nicht erwartet."
Der andere: „Der Sieg war wirklich **glorreich**. Die **Defensive** stand heute wieder sehr gut."

GRAMMATIK

(4) **G1** **Relativpronomina gesucht** ▶ Video 🔖 ▶ Quiz 🔖

a Unterstreiche jeweils das Relativpronomen und sein Bezugswort.
b Bestimme beide Wörter anschließend nach KNG.
c Übersetze dann.

1 In amphitheatro *(Amphitheater)* turba gladiatores, qui gladio pugnant, exspectat.

KNG Bezugswort: _____ KNG Relativpronomen: _____

_____

_____

2 Turba gladiatores, quos amat, salutat.

KNG Bezugswort: _____ KNG Relativpronomen: _____

_____

3 Gloria, quam gladiatores petunt, magna est.

KNG Bezugswort: _____ KNG Relativpronomen: _____

_____

4 Multi homines, quibus spectacula placent, amphitheatrum *(Amphitheater)* petunt.

KNG Bezugswort: _____ KNG Relativpronomen: _____

_____

_____

(5) **G2** **Formen-Profi** ▶ Quiz 🔖
Ergänze die Formen des lateinischen Imperfekts.

1 Ich eilte zum Haus.   Aedificium pete_____.

2 Du warst hier.   Hic er_____.

3 Er griff den Gladiator an.   Gladiatorem tempta_____.

4 Wir riefen den Mann.   Virum voca_____.

5 Ihr verlort das Schwert.   Gladium amitte_____.

6 Sie verteidigten ihr Leben.   Vitam defende_____.

(6) **G2** **Imperfekt übersetzen**
Übersetze. Achte dabei auf die Wiedergabe des Imperfekts.

1 Multi gladiatores Romae pugnabant et gloriam petebant.

_____

_____

2 Homines, qui aderant et gladiatores spectabant, spectaculis gaudebant.

_____

_____

DER LATEINISCHE TEXT

(7) Textverständnis nachweisen

Bearbeite die Aufgaben **a** bis **d** anhand des folgenden Textes. Eine Übersetzung ist hier nicht gefordert.

a Lies den Text.

Ein Gladiator erinnert sich

Der Gladiator Ferox erzählt von dem Tag, an dem er seinen wichtigsten Sieg errang.

Iam diu clamorem hominum laetorum, qui

spectabant, audiebam. Romae homines spectacula

amant! Iterum atque iterum turba clamabat:

„Quando gladiatores incipiunt? Pugnate!

5 Pugnate!" Tum Manlium gladiatorem, qui iam

exspectat, video. Subito petit. Pugnamus.

Paene gladium amitto. Deinde dolores magnos

sentio et sanguinem video: sanguinem meum

(mein)! Sed vitam, quam amo, non amitto, quia bene me defendo. Postremo Manlium gladio

10 vulnero et victor sum. Itaque nunc clarus sum! Mihi non modo magna pecunia est, sed etiam

gloria, quam semper petebam, est.

b Nenne mit Zeilenangaben alle Relativpronomina und ihr jeweiliges Bezugswort.

Z. _____: _____   _____

Z. _____: _____   _____

Z. _____: _____   _____

Z. _____: _____   _____

c Gliedere den Text in Abschnitte. Fasse den Inhalt jedes Abschnitts in eigenen Worten zusammen. Beachte dabei die Adverbien, die den Ablauf der Handlung verdeutlichen. Gib an, was in den Abschnitten jeweils geschieht.

Z. _____: _____

_____

Z. _____: _____

_____

Z. _____: _____

_____

d Auch heute noch gibt es viele Menschen, die berühmt sein wollen und dabei wie der Gladiator Ferox große Risiken eingehen. Finde Beispiele und begründe, inwiefern sie vergleichbar sind.

ABSCHLUSSTEST

Aufgaben zur Texterschließung

Vokabeln

1 In ihrer Antwort an Marcus (im Text unten Z. 8–11) erklärt Cornelia, was ihr an Rom, aber auch an ihrem Zuhause gefällt. Notiere vier Prädikate, die dies zum Ausdruck bringen, und übersetze sie.

_____

_____

_____

_____

Grammatik

2 Unterstreiche die Relativpronomina und ziehe einen Pfeil auf ihr jeweiliges Bezugswort im Text.

Der lateinische Text

Wo lebt es sich besser?
Marcus und Cornelia unterhalten sich über die Unterschiede zwischen dem Leben in Rom und ihrem Leben auf dem Land in ihrer Heimat.

Marcus: „Domi saepe cum porco ludebam *(spielen)*.

Hic porci, quibuscum ludere *(spielen)* possum, non sunt.

Itaque porcum meum *(mein)* desidero. Domi clamor

tantus non est, Romae autem homines, quos in foro

5 vides, semper magna voce clamant. Et magister Aratus,

qui semper nos docebat, domi manebat. Hic non est, hic

nihil discimus.“

Cornelia respondet: „Ego hic parentes, quos tam amo, desidero. Sed aedificium, in quo

avunculus habitat, mihi placet. Servi quoque et servae, qui nos iuvant, mihi placent.

10 Praeterea Romae multa videmus, non modo sacra, quibus sacerdotes deis gratias agunt,

sed etiam gladiatores, quorum gloria magna est.“

Marcus: „Bene dicis, Cornelia. Etiam ad thermas, quae nobis semper placent, accedere

possumus.“

3 Übersetze den Text in angemessenes Deutsch.

4 **a** Erstelle eine Tabelle zu den im Text genannten Vorteilen des Lebens auf dem Land und in der Stadt. Gib die lateinischen Belege mit Zeilenangaben an.
   b Begründe anschließend, wo du lieber leben würdest.

DIE ANTIKE WELT

(1) Lückenfüller

Ergänze die Lücken. Wähle dazu aus dem Wortspeicher die passenden Begriffe aus.

Besitz | Stadt Rom | Statthalter | Ruhm | Anwalt | Provinzen | angesehenen | Kaiser | Schauspiele

Senatoren kamen meist aus _____ Familien, verhielten sich aber nicht immer

sehr vornehm. Denn einige Senatoren, darunter auch Gaius Verres, nutzten ihr Amt

als _____ aus, um sich selbst zu bereichern. Eigentlich war es deren Aufgabe,

die römischen _____ zu verwalten und für Sicherheit, Recht und Ordnung

zu sorgen. Gaius Verres aber plünderte die Provinzbewohner aus und vergrößerte

seinen _____.

VOKABELN

(2) Mindmap erstellen  ▶ Quiz

Erstelle mithilfe der bisher gelernten lateinischen Wörter und Wendungen eine Mindmap zum Thema „römischer Senator". Überlege z. B.: Wo ist ein Senator zu finden und was macht er?

senator Romanus

(3) Vokabel-Profi

Erschließe die Bedeutung der folgenden Komposita von *ire*.

in-ire – _____   ex-ire – _____

GRAMMATIK

(4) G1 AcI-Bestandteile erkennen

Markiere in jedem Kasten die passenden Wörter. Die Lösungsbuchstaben jedes Kastens bezeichnen, richtig zusammengesetzt, jeweils ein Bauwerk auf dem Forum.

Kopf- und Gefühlsverben		Akkusative		Infinitive	
scire **R**	administrare **B**	senatores **C**	provincia **E**	redire **T**	abite **L**
dolere **O**	videre **S**	negotio **E**	spectacula **U**	senatore **B**	addere **E**
audire **T**	clamare **R**	iterum **A**	orationem **R**	ire **M**	curare **P**
redire **S**	intrare **E**	provinciam **I**	senatorum **O**	tollere **L**	temptare **U**
abire **F**	sentire **A**	oculos **A**	sanguinis **M**	timore **I**	pugnare **M**

☐☐☐☐☐☐   ☐☐☐☐☐   ☐☐☐☐☐☐☐

(5) G1 AcI-Profi   ▶ Video 🔖   ▶ Quiz 🔖

a Markiere den Akkusativ, den Infinitiv und das Verb, das den AcI einleitet, in jeweils unterschiedlichen Farben. Übersetze dann.

1 Constat multos homines in foro Aemilium exspectare.

_____

2 Flavius Aemilium hodie orationem habere scit.

_____

3 Cornelia Flavium dominum *(Vermieter)* bonum non esse credit.

_____

b Kreuze an, ob die Sätze einen AcI enthalten oder nicht. Übersetze dann.

1 Aemilius Asianos defendere cupit.   AcI ja ☐ nein ☐

_____

2 Aemilius dicit Clodium senatorem malum esse.   AcI ja ☐ nein ☐

_____

3 Aemilius: „Clodio non licet contra legem agere."   AcI ja ☐ nein ☐

_____

4 Aemilius: „Romani Asiam nunc provinciam miseram esse sciunt."   AcI ja ☐ nein ☐

_____

DER LATEINISCHE TEXT

6 **Textverständnis nachweisen**
Bearbeite die Aufgaben **a** bis **d** anhand des folgenden Textes. Eine Übersetzung ist hier nicht gefordert.
a Lies den Text.

Zwei Rätsel

1 Welcher Ort wird gesucht?

Constat ibi semper multos Romanos esse.

Romani dicunt homines ibi orationes bonas habere.

Ibi Romanis sacra facere licet.

Nam templa dei Saturni et deae Vestae ibi sunt.

5 Multi homines, qui cibos aut frumentum emere cupiunt, eo *(dorthin)* eunt.

Romani ibi saepe mercatores conveniunt, quibuscum negotia habere cupiunt.

2 Welchen Beruf hat Fortunatus?

Liberi ad Fortunatum eunt.

Cuncti sciunt Fortunatum neque pellere neque magna voce clamare.

Fortunatus semper respondet, si liberi rogant.

Liberi litteras, quas Fortunatus bene docet, discunt.

5 Verba, quae Fortunatus dicit, liberis placent.

Liberi verba scribunt, quae Fortunatus magna voce legit.

Postremo domum redeunt.

b 1 Nenne den in Rätsel 1 gesuchten Ort: _____

2 Nenne den in Rätsel 2 gesuchten Beruf: _____

c Finde in jedem Rätsel einen AcI und markiere seine Bestandteile in unterschiedlichen Farben.

d Beschreibe mit eigenen Worten, welche Aktivitäten an dem in Rätsel 1 gesuchten Ort stattfanden. Nenne einen modernen Ort in deiner Umgebung, der in dem, was die Menschen dort tun, Ähnlichkeiten mit dem gesuchten Ort aufweist.

_____
_____
_____
_____
_____
_____
_____
_____
_____

ABSCHLUSSTEST

Aufgaben zur Texterschließung

Vokabeln

1 Stelle aus dem lateinischen Text die lateinischen Wörter zusammen, die sich auf die Arbeit eines Anwalts beziehen. Schreibe ihre Grundform und die Bedeutung auf.

_____

_____

_____

_____

Grammatik

2 Im Text findest du eine Form von *ire* und eine von einem Kompositum von *ire*. Ordne sie in der Tabelle der richtigen Stelle zu und ergänze die fehlenden Formen.

Präsens			Imperfekt		
	Singular	Plural		Singular	Plural
1. P.			1. P.		
2. P.			2. P.		
3. P.			3. P.		

Der lateinische Text

Ein Vertreter des Rechts
Ein Anwalt in Rom erzählt über seine lange Karriere.

Saepe in forum ibam et ibi magna voce orationes habebam, quas multi homines audiebant.

Iterum atque iterum homines contra iniurias defendebam. Itaque scio multos sceleratos in

Imperio Romano esse.

Non modo Romae scelerati sunt, sed etiam in provincia multi Romani iniurias faciunt.

5 Senatores, qui provinciam administrant, interdum *(manchmal)* ibi contra leges agunt.

Tum homines e provincia veniunt et me adeunt. Dicunt senatorem malum provinciam

administrare. Cuncti me semper homines miseros iuvare sciunt.

3 Übersetze den Text in angemessenes Deutsch.

4 Nimm Stellung dazu, ob dieser Anwalt Flavius, den Onkel von Marcus und Cornelia, vor Gericht vertreten würde. Begründe deine Antwort mit geeigneten Zitaten aus dem lateinischen Text.

_____

_____

_____

_____

_____

1 **Vokabeln zuordnen**

a Wähle aus dem Wortspeicher jeweils acht Wörter aus, die zur Bildszene passen. Schreibe sie daneben und ziehe Linien ins Bild. Ein Wort passt zu beiden Bildern.

b Notiere kurze lateinische Sätze, die zum Bild passen (z. B.: Homines taurum vident).

templum | vulnerare | curare | iniuria | tollere | gladius | deus | aurum | nihil | rapere | provincia | oculus | sacerdos | nemo | scire | defendere | minister | pugnare | modo | taurus | fortasse | mater | turba | hodie | sacra | gladiator | bellum | orare | vehiculum | mons | coniunx

2 **Eine Geschichte schreiben**

Verfasse zu einem der beiden Bilder eine kurze Geschichte auf Deutsch. Verwende dabei möglichst viele Wörter, die du in Aufgabe **1 a** zugeordnet hast.